여기가
당신의
피난처입니다

이호택
조명숙
부부의 한국의 난민 이야기

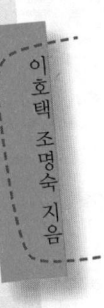

이호택 조명숙 지음

여기가 당신의 피난처입니다

창비

당신의
자유와 평화를
나눠주세요

우리 부부는 1990년대 초 '외국인노동자피난처' 활동을 하면서 만나 지금까지 외국인노동자, 탈북자, 난민 들을 위한 사회운동가로 함께 일하며 살고 있다. 모범생이었던 나는 여러번의 실패와 좌절의 끝에서 사명처럼 난민들과 마주쳤고, 날라리였던 아내는 잘못 걸려온 전화 한통으로 사회운동가의 길에 들어서게 되었다. 두 사람 모두에게 이 길은 예상 밖의, 뜻하지 않은 길이었다.

난민을 위해 일한다고 하면, 대부분의 사람들은 한국에도 난민이 있느냐며 의아해한다. 아직까지 한국에서 난민문제는 먼 아프리카나 중동 땅에서 일어나는, 우리와 관계없는 일로 생각되고 있는 것이다. 하지만 우리나라도 1992년 난민협약에 가입했고, 현재 3천명가량의 난민신청자들이 한국에 들어와 있다.

그러나 우리나라는 난민을 받아들이는 데 굉장히 인색하다는 평가를 받고 있다. 협약에 가입한 이후 2000년까지 단 한명의 난민도 인정하지 않았고, 2010년 11월 현재 217명만이 난민 지위를 인정받았을 뿐이다. 또한 보통 2~3년이나 걸리는 난민 심사 기간 동안 생계를 지원해주지 않으면서 취업까지 금하고 있어 많은 난민신청자들이 힘겨운 나날을 보내고 있다.

이런 이야기를 하면 우리도 살기 어려운데 어떻게 난민들까지 돕겠느냐며 우려의 목소리를 내는 분들이 있다. 하지만 우리도 한때 난민이었음을 기억해야 한다. 일제 식민통치와 6·25 전쟁, 독재와 민주화운동으로 많은 사람들이 외국으로 몸을 피했고, 그때마다 세계는 우리에게 따뜻한 관심과 연대를 보여주었다. 이제 우리가 그 사랑을 되돌려줄 차례다.

한국이 발전하면서 민주화를 이루는 사이, 우리 곁에도 난민이라는 이름의, 적지 않은 손님들이 찾아왔다. 외국인노동자들에 묻혀 잘 보이지도 않고, 아파도 제대로 소리낼 수 없는 사람들. 그들은 우리의 도움을 구걸하러 온 사람들이 아니다. 생명의 위협을 피해 잠시 우리나라를 찾아온 특별한 손님들이고, 그들이 원하는 것은 무조건적인 시혜가 아니라 지친 몸과 마음을 내려놓을 수 있는 피난처다.

지난 20년 동안 우리 부부가 해온 일도 바로 이들에게 피난처를 제공하는 것이었다. 마음을 나누는 친구가 되어 이들의 이야기에 귀 기울이는 것, 하루빨리 고국으로 돌아갈 수 있도록 도와주는 것, 그때까지 이들이 잠시 쉴 곳을 마련해주는 것…… 그들이 필요로 하는 것은 아웅 산 수 치 여사의 말처럼 우리가 가진 자유와 평화를 조금만 나누어주는 일이다. 그것이면 족하다.

국내로 들어오는 난민들의 숫자가 늘어나고 그들을 만난 시간과 경험이 깊어지면서 우리 부부는 한국의 난민 이야기를 정리할 필요를 느꼈다. 아직은 생소한 난민문제를 많은 사람들에게 알리고 싶기도 하지만, 무엇보다 우리가 처음 일을 시작하면서 가졌던 열정과 함께 난민과 더불어 사는 우리 삶의 의미를 되돌아보고 싶었다. 함께 글을 쓰면서 나는 난민의 개념과 발생원인 등 난민문제를 소개하는 데 중점을 두었고, 아내는 난민을 만나며 겪었던 에피쏘드를 중심으로 서술해 이야기의 균형을 맞췄다. 아내의 글은 1, 2부 뒤에 배치했다.

우리 사회에 난민문제를 알릴 수 있는 기회를 준 안병률 선생님과 책을 출판해준 창비에 감사의 인사를 전한다. 이 책을 통해 자유를 나누어줄 사람들이 많아지길, 우리 사회가 난민들에게 따뜻한 피난처가 될 수 있길 소망하며 난민 이야기를 시작한다.

이호택

2부
난민과
함께 꾸는 꿈

1장 난민들의 따뜻한 피난처

2장 난민과 함께 꾸는 꿈

3부
우리가 몰랐던
한국의 난민
이야기

1장 그들은 왜 난민이 되었는가

1부
/
난민과의 만남

1장
우리 가까이에
있는
난민

사명이 된 난민

    서울대 법대와 대학원을 졸업한 나는 법학을 전공하는 대부분의 사람들처럼 사법시험에 합격해 변호사가 되고 싶었다. 그러나 10년 이상 사법시험에 낙방하면서 내 인생은 구겨졌다. 법률가의 꿈은 당시 내 삶의 모든 것이었다. 오랜 시간 외줄타기로 살아왔던 인생의 모든 노력이 무너진 자리는 폐허와 같았다. 어디로 가나, 어떤 소망으로 어떤 꿈을 꾸며 살까…… 실패한 인생, 이제 뭘 할 수 있을까…… 그것이 난민들을 처음 만났을 때의 내 모습이었다. 난민처럼 갈 곳 없이 우두커니 서 있던 자리, 그 절망의 자리가 바로 내 이야기의 시작점이다.

    나는 원래 명필이고 달필이었다. 그런데 지금도 이유를 설명하기 어렵지만, 대학교 3학년 때, 그러니까 사법시험을 준비하기 시작하면서부터 나도 모르는 사이에 필체가 흐트러지기 시작했다. 당시 '심검도(心劍道)'라는, 한 손을 쓰는 검도를 수련했는데 그 운동 때문에 손의 근육이 굳어진 것 같기도 하고, 손에 땀이 많이 나는 체질에 별로 담대하지 못한 기질이 더해져 필기시험 때마다 많이 긴장한 탓인 것 같기도 하다. 나중에는 이름조차 쓰기 힘들 정도로 손이 경직되고 떨려서 시험을 포기할 수밖에 없었다. 처음에는 글씨를 잘 쓰지 못하게 되었다는 사실을 스스로 인정하기 힘들었다. 금방이라도 펜을 잡으면 예전처럼 글씨를 잘 쓸 수 있을 것 같았다. 그런데 막상 펜을 잡으면 이상하게 손의 감각이 흐트러지면서 글씨를 쓰기 힘들었고, 필체를 바로잡아보려고 무진 애를 썼지만 끝내 고치지 못했다.

예상치 못했던 복병을 만나 고생하다 결국 법률가로서의 꿈을 접어야 했지만, 시험을 준비하는 동안 누구보다 열심히 공부했고 장애를 극복하기 위해 최선을 다했기 때문에 자책이나 후회는 없었다. 내가 어찌할 수 없던 낙방이라는 결과는 이상한 일일지언정 부끄러워할 일은 아니었다. 그런데 정말 오랫동안 나는 시험에 떨어졌다는 사실에 대해, 그리고 어떻게 해볼 도리 없이 흐트러진 내 글씨에 대해 부끄럽고 수치스러운 마음을 숨길 수 없었다. 패배자, 실패자라는 느낌을 떨치지 못했다.

하지만 그렇게 들어선 길에서 사명을 발견한 뒤, 나는 이제 내가 걸어온 길에 사랑과 자랑을 느낀다. 성경 속 시편 기자(다윗)의 말처럼, 나에게도 고난이 유익(有益)이 되었다. 나의 좌절과 회복이 인생의 막다른 길에서 희망을 찾는 사람들에게 위로가 되었고, 난민들을 위한 피난처를 세우는 데 큰 자산이 되었기 때문이다.

인생에는 다양한 이유로 실패하고 좌절한 사람들이 많다. 제나라를 등지고 남의 나라에서 피난살이를 해야 하는 난민도 패배자의 멍에를 짊어지고 사는 사람들이다. 가난한 사람들, 불쌍한 사람들, 도움이 필요한 사람들이라는 생각이 난민에 대한 일반적인 인상이다. 그러나 난민은 결코 부끄러운 이름이 아니다. 그들의 가난과 떠돌이삶이 실패의 결과일 수도 있고, 그 실패가 일부 그들의 책임인 경우도 있을 것이다. 하지만 난민이 된 대부분의 사람들은 스스로 통제하지 못할 어떤 위험과 재난의 피해자고, 누구나 언제든 난민이 될 수 있다. 때문에 난민이 되었다는 것을 이상해할 것도 부끄러워할 것도 없다.

누구도 고난을 당하는 난민의 삶을 원할 리는 없다. 하지만 우리 주변에는 고난을 피할 수 없을 때 이를 기꺼이 선택하고, 주어진 고난을 즐거이 감당하는 사람들이 있다. 용기있는 난민들은 스스로의 고난을 통해 자신을 단련하고 정의를 회복하는 거룩한 사명을 감당하고 있다. 이것이 난민의 삶이 아름다울 수 있는 이유고, 내가 난민들의 피난처에서 사명과 기쁨을 발견하는 이유다.

좌절의 상처가 아물어 다시 일어설 힘을 얻게 되었을 때 나는 나를 부르는 곳, 나를 필요로 하는 곳으로 가고 싶었다. 그곳은 낮은 곳이었고 경쟁이 없는 곳이었다. 모두가 가려 하는 곳에는 나의 자리가 없음을 알았기 때문에 나는 사람들이 가지 않는 길을 갔고, 그곳에서 나의 사명을 발견했다. 나는 내가 가진 재능으로 고난당하는 사람들에게 도움을 주고 싶었다. 법률문제로 어려움에 빠진 사람들, 인권침해를 당한 외국인 노동자들, 탈북자들, 난민들. 나는 그들의 피난처가 되었고, 그들은 나의 안식처가 되었다. 그렇게 나는 사명의 길을 가게 되었다.

난민이란 누구인가

재난을 당한 사람들, 이재민이나 피난민들을 널리 난민이라 부르기도 하지만, 국제사회에서 통용되는 난민(Refugee, Asylum Seeker)이라는 용어는 전쟁이나 박해 등의 위험 때문에 타국에 피난하면서 자국으로 돌아가지 못하는 강제적 이주자들을 의미한다. 유엔난민기구(UN High Commissioner for Refugees, UNHCR)의 통계에 의하면, 2009년 말 세계에는 약 4천2백만명의 강제적 이주자들이 있다고 한다.

원칙적으로 국민은 국적국에서 보호를 받지만, 어떤 이들은 난민.
자신의 의지와 상관없이
박해를 받아 고국을 떠난 사람들.
절망의 끝에서 나는 그들을 만났고,
비로소 나의 사명을 찾았다.

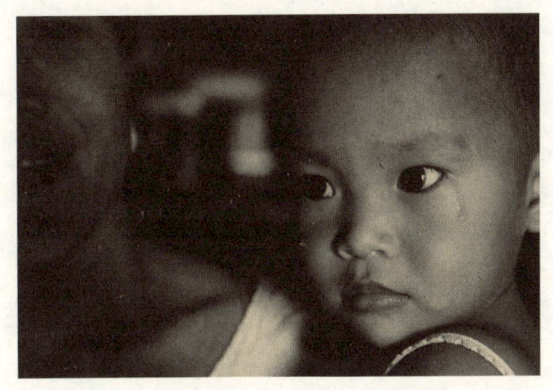

보호는커녕 국적국으로부터 박해를 받기 때문에 자기 나라를 등지고 타국에서 피난민으로 살아야 한다. 국적국으로 돌아갈 수 없는 난민들은 그들이 피난하고 있는 나라에 자신이 박해 때문에 돌아갈 수 없다는 사실을 주장하면서 자국으로 돌아갈 수 있을 때까지 일시적으로 보호해달라고 요청하는데, 이를 비호(asylum)신청 혹은 난민인정 신청이라 한다. 난민이 체류국에 난민인정을 신청하면 체류국은 난민인정 절차에 따라 박해 가능성 여부를 심사한 후, 귀국시 박해당할 우려가 있다고 인정되는 경우 그를 난민으로 인정하여 보호한다. 한국에서는 법무부장관의 위임에 따라 서울출입국관리사무소 난민과에서 난민신청 및 인정업무를 담당하고 있다.

이제 한국에서도 점점 난민문제가 알려지고 있지만, 여전히 대부분의 사람들에게는 생소할 것이다. 국제사회가 난민의 개념을 인식하고 난민보호의 책임을 느끼기 시작한 것도 그리 오래된 일은 아니다. 1, 2차대전을 수습하면서 국제사회는 난민보호에 세계적인 협력이 필요하다는 사실을 인식하기 시작했다. 2차대전과 동서냉전으로 발생한 난민문제를 해결하기 위해 유엔총회 부속으로 '유엔난민기구'가 설립되었고, 유엔총회의 결의에 따라 1951년 7월 28일 '난민지위에 관한 협약'(Convention Relating to the Status of Refugees, 이하 난민협약)이 체결되었다.

이 협약에 가입한 국가의 보호를 받는 난민을 '협약난민' (Convention Refugee)이라 한다. 난민협약은 난민을 다음과 같이 정의했다.

> 인종, 종교, 국적(민족), 특정사회집단의 구성원 신분 또는 정
> 치적 의견을 이유로 박해를 받을 충분한 근거(합리적 이유)가
> 있는 공포 때문에 자신의 국적국 밖에 있으면서 국적국의 보호
> 를 받을 수 없거나 보호받는 것을 원하지 아니하는 자, 또는 종
> 전의 상주국 밖에 있는 무국적자로서, 상주국에 돌아갈 수 없거
> 나 그러한 공포 때문에 상주국에 돌아가는 것을 원하지 아니하
> 는 자. (제1장 제1조 A-(2))

이처럼 다소 장황하지만 매우 협소한 정의가 내려진 까닭은
1951년 난민협약이 동서냉전의 이념적 대립이라는 시대적 맥
락과 유럽이라는 지역적 배경 속에서 서방국가들의 주도 아래
시민적·정치적 권리를 바탕으로 개별적 난민보호를 염두에 두
고 만들어졌기 때문이다. 난민협약 가입국들은 전쟁이나 기아
로 인해 집단적으로 발생한 유민(流民)에 대해서는 과중한 보호
책임을 지지 않고, 개인적으로 갖고 있는 속성(인종, 국적 혹은 민
족, 사회집단의 구성원 신분), 신념(종교, 정치적 의견)과 출신국의 정치
적·사회적 현실 사이에 존재하는 불일치로 인해 고국으로 돌
아갈 수 없게 된 사람들만을 보호하고자 했다.

그러나 제3세계에서의 정치적·사회적 분쟁으로 대규모 난
민발생이 계속되고, 국내난민, 환경난민 등 새로운 난민문제

가 대두됨에 따라, 국제사회는 난민협약에 제시된 개념이 너무 협소함을 인정하고, 이후 난민보호의 범위를 확대하려는 노력을 계속해오고 있다. 우선 1967년 1월 31일, 유엔총회는 난민의정서(Protocol Relating to the Status of Refugees)를 채택해 난민협약의 정의에 붙어 있던 1951년 1월 1일 이전이라는 시간적 제한과 유럽이라는 장소적 제한을 폐지했다. 아프리카 난민문제의 특수한 측면에 관한 1969년 '아프리카단결기구'(Organization of Africa Unity) 협약은 난민협약상의 난민뿐만 아니라, "출신국 또는 국적국에서의 외부침략, 점령, 외국의 지배, 혹은 공공질서를 심각하게 해치는 사태로 인하여" 자신의 나라를 떠나야만 했던 사람들을 난민의 범주에 추가했다.

또한 중남미 대부분의 나라에서 법률로 채택된 1984년의 까르따헤나선언(Cartagena Declaration on Refugees)은 "보편화된 폭력, 외부침략, 국내소요, 대규모 인권침해 또는 공공질서를 심각하게 해치는 기타 상황 때문에 자신의 생명, 안전이나 자유를 위협받음으로 인하여" 자국을 탈출한 사람을 난민이라 정의함으로써 대규모 인권침해를 난민개념에 추가했다. 현재 각 선진국들은 전쟁, 고문, 대규모 인권침해 등의 사유로 자국으로 돌아갈 수 없게 된 사람들에 대해서도 난민과 유사한 인도적·보충적 지위를 부여해 이들을 보호하고 있다.

난민협약은 협약 비가입국에 대해서는 구속력이 없고 가입국 가운데서도 난민보호가 제대로 이루어지지 않는 나라들의 경우 유엔이 위임한 권한에 따라 유엔난민기구가 난민을 인정하고 보호하기도 하는데, 이를 '위임난민'(Mandate Refugee)이라 한다. 이처럼 유엔은 변화하는 현실과 새로이 대두되는 난민문제에 대한 국제적 보호요구에 따라 유엔난민기구의 권한위임 범위를 지속적으로 넓혀왔고, 유엔난민기구도 집행위원회 결의에 따라 난민보호의 범위를 확대해왔다.

한편 국제사회가 난민협약에 의해 보호하는 난민들은 국경을 넘은 사람들이다. 그러나 국제사회의 인도적 관심과 보호를 필요로 하는 난민은 반드시 국경을 넘은 사람들에만 국한되지 않는다. 난민협약상 난민의 요건을 모두 갖추었으나 단지 국경만 넘지 않았을 뿐인 난민을 '국내난민'(Internally Displaced Persons, IDP)이라 하는데, 이들에 대해서도 국제적 보호가 필요하다. 국내난민은 그 수가 협약난민보다 훨씬 많고 국제사회로부터 고립되어 인권침해가 발생하기 쉬운데, 전통적으로 국내난민 문제는 해당국 정부의 책임이며 다른 국가나 기구가 개입하는 것은 내정간섭이라는 이유로 국제적 보호가 효율적으로 이루어지지 못하고 있다. 국내난민은 협약상 난민으로 인정되지 않으며, 유엔난민기구도 무국적자와 달리 국내난민에 대해서는 광범위한 임무를 갖고 있지 않으나, 유엔총회의 요청이 있을 경우 관련국의 동의를 얻어 특정집단에 대해 어느정도의 임무를 수행하고 있다.

한국을 찾아온 난민들

식민통치와 전쟁으로 얼룩진 우리 역사의 굽이굽이에도 분명히 난민들이 있었지만, 우리에게 난민은 오래전에 잊혀진 단어가 되었다. 난민문제는 아프리카나 중동 같은 먼 곳의 일로 여겨졌고, 간혹 중국에서 탈북난민 이야기가 들려올 뿐 한국에는 난민이 없다고 생각했다. 아니, 3천명의 베트남 보트피플 난민들이 이미 우리 곁에 찾아왔지만 우리는 그들을 외면했고, 지금도 3천명의 난민들이 우리 곁에 머물고 있지만 우리는 그들의 존재를 알지 못한다.

1951년 난민협약이 체결된 지 40여년이 지난 1992년 12월 3일, 한국은 난민협약에 가입하고 출입국관리법에 난민인정 조항을 신설하여 1994년부터 난민인정 신청을 접수받기 시작했다. 그러나 유엔난민기구 집행이사국이 된 2000년까지 한국은 단 한명의 난민도 인정하지 않아 인권국가로서의 체면이 크게 손상되었다. 난민신청자의 숫자가 100명을 넘은 2001년에야 최초로 단 한명의 난민이 난민지위를 인정받았고, 2002년에 다시 한명, 2003년에 12명, 2004년에는 18명의 난민인정자가 나오기에 이르렀다. 2010년 11월, 현재 한국의 난민신청자는 2,816명, 난민인정자는 217명, 인도적 보호자는 131명, 보호가 거부된 사람은 1,583명이며, 철회자 532명을 제외한 353명에 대한 심사가 진행중이다.

한국에 온 난민신청자들은 네팔, 중국, 버마, 스리랑카, 나이지리아, 파키스탄, 우간다, 방글라데시, 가나, 콩고민주공화국, 코트디부아르, 라이베리아, 에티오피아, 이란, 카메룬, 케냐, 아프가니스탄, 알제리, 남아프리카공화국, 이집트, 러시아, 이라크, 우즈베키스탄, 르완다, 에리트리아, 부룬디, 소말리아 등 50개국 이상의 다양한 나라 출신이다. 네팔에서는 최근 정부군과 마오이스트 반군 사이의 내전이 있었고, 스리랑카에서도 정부군과 타밀 반군 간의 내전이 있었다. 이 두 나라는 외국인노동자 산업연수제나 고용허가제로 한국에 쉽게 들어올 수 있으므로 많은 난민들이 외국인노동자의 옷을 입고 국내에 들어왔고, 계약기간을 마친 후 내전과 관련해 귀국할 수 없음을 이유로 난민신청을 했다.

중국은 인구가 많고 지리적으로 가깝기 때문에 한국정부가 난민인정을 가장 조심스러워하는 나라다. 중국 난민신청자들은 파룬궁(法輪功) 수련과 관련된 사람들이 가장 많고, 그외 민주화운동, 소수민족운동, 탈북자 보호 등과 관련된 사유들도 있다. 버마는 군사독재국가로 동남아시아 최대의 난민발생국이며, 아웅 산 수 치(Aung San Suu Kyi)가 이끄는 민족민주연합(National League for Democracy, NLD)의 민주화운동이나 친(Chin)족 등의 소수민족 박해와 관련된 난민신청자들이 많다. 나이지리아, 우간다, 가나, 콩고, 코트디부아르, 라이베리아, 에티오피아 등 대부분의 아프리카 국가들은 내전, 독재, 종족분쟁의 결과로 국가의 보호를 기대하지 못하는 난민신청자들이 한국정부의 보호를 요청하고 있다. 파키스탄, 방글라데시, 이란 등 무슬림국가 출신의 난민신청자들은 개종에 따르는 종교적 박해를 이유로 난민신청한 사례들이 많다.

2003년 이후 한국의 난민신청자와 인정자는 급격히 증가했고, 앞으로도 꾸준히 증가할 것이다. 하지만 세계난민의 규모가 약 3~4천만명인 데 비해, 한국의 난민규모는 신청자 기준으로 보아도 아직 1만분의 1, 보호받는 사람의 기준으로 보면 10만분의 1에 지나지 않는다. 세계 10위권에 이르는 한국의 경제규모나 세계인구의 1%에 이르는 인구규모를 생각할 때 한국이 분담하는 세계난민의 숫자는 너무도 적은 수준인 것이다. 비록 여러 선진국들이 많은 난민들을 받아들이고 있지만, 전세계 난민의 3분의 2는 인접국 난민촌이나 주변의 가난한 나라에서 살고 있다. 예컨대 수단에서의 전쟁으로 400만 국민들이 나라를 떠나야 했지만, 50만이 넘는 사람들은 가난한 주변국 차드로 갔고 단지 소수의 사람들만 선진국으로 탈출했으며, 그야말로 극소수의 사람들이 어찌어찌하여 한국까지 흘러오게 되는 것이다.

난리를 만나면 누구나 피난하게 마련이며, 피난민들에게 무엇보다 절실한 것은 바로 생명의 위협을 피할 수 있는 피난처다. 그리하여 세계인권선언 제14조는 "모든 사람은 박해를 피해 타국에 피난처를 구하고 그곳에 체재할 권리가 있다"고 명시했다. 사람들은 이 선언을 인류 보편의 상식이요 가장 아름다운 약속이라 칭송한다. 그러나 막상 난민을 받아들이고 보호하는 일에 선뜻 나서는 나라는 많지 않다. 난민이라는 지위는 누구나 피하고 싶은 것이지만, 현실적으로 난민들은 난민이라는 이름과 지위조차 얻기가 쉽지 않다.

그동안 한국은 난민에게 피난처를 제공하는 데 너무 인색하다는 비판을 받아왔다. 난민인정 기준이 지나치게 높고 엄격한 증명을 요구하기 때문에 한국에서 난민으로 인정받는 것은 고시합격만큼이나 어렵다. 게다가 난민심사나 소송 중에는 난민신청자에 대한 생계지원 대책이 전무하고 생존을 위한 취업마저 금지하고 있으므로 난민신청자들이 합법적으로 살아갈 방법이 없으며, 사회적 처우도 미약하다. 통역과 변호제도의 부실로 의사소통과 사실인정이 제대로 이루어지지 않고, 난민심사 및 인정기구의 전문성과 독립성이 확보되지 않아 정확한 심사와 결정이 어렵다. 또한 난민심사 기간이 너무 길어 신속한 결정이 필요한 신청자는 오래 고통받을 수밖에 없고, 어떤 신청자는 긴 대기기간을 불법취업 등으로 악용하기도 한다. 구금된 난민신청자들에 대한 장기구금 제한이나 대안이 마련되어 있지도 않다. 이러한 것들이 그동안 한국의 난민제도에 쏟아진 비판이다.

그러나 가장 걱정스러운 것은 난민 수용에 대한 우리 국민들의 태도다. 사실 우리가 난민제도를 갖기 전, 우리나라에는 베트남 보트피플 난민들이 찾아왔다. 미국의 지원을 받은 남베트남과 공산주의 북베트남 사이에서 벌어진 15년간의 제2차 베트남전쟁이 1975년 4월 30일 싸이공 함락과 함께 북베트남의 승리로 끝나면서 생산수단의 국유화, 집단화, 경제활동 통제, 사상교육 등 사회주의 정책이 실시되자, 남베트남을 지지하던 수십만 사람들은 보트를 타고 남중국해로 탈출했다. 대부분의 나라들이 이들의 상륙을 거부하거나 강제송환하여 난민문제가 국제적으로 대두되었다.

베트남전에 참전했던 한국은 남베트남의 패망이 확실해지자 교민 철수를 위해 해군 수송선 2척을 파견하고, 1975년 4월 26일 1,335명의 피난민을 한국으로 데려왔다. 한국교민 외에도 한국과 인연이 있던 베트남인 910명, 중국인 31명, 필리핀인 1명이 함께 부산에 도착했다. 이어 한국선적 화물선이 베트남 인근 해상에서 216명의 난민을 구제해 부산항에 입항했으며, 1975년 한해 동안 국내 출생 신생아를 포함해 총 1,562명의 피난민이 부산 임시수용소에 입소했다.

그런데 1975년부터 89년까지 국내에 입국한 2,944명의 베트남 보트피플 가운데 대한민국 국적을 얻어 정착할 수 있던 사람은 단 한명도 없었다. 이들은 모두 연고를 찾아 국외로 이주했고, 연고가 없는 27세대 49명에게는 국내거주가 허용되었으나 모두 무국적자가 되었다. 이들은 우리 국민들로부터 철저하게 배척당했다. 더구나 1977년부터 89년까지 국내에 입국해 부산 재송동 월남난민구호소에 수용되었던 1,382명의 베트남난민에게는 1개월마다 갱신되는 재난상륙 허가만을 허용할 뿐, 아무리 오래 수용되어도 별도의 체류자격을 부여하지 않았다. 이는 단 한명에게도 국내정착을 허용하지 않고 전원을 제3국으로 송출한, 국제적으로 유례가 드문 사례로 기록되었다.*

예로부터 우리 민족의 가슴에는 정이 살아있고, 우리 역사와 문화에는 이웃에 대한 따스한 배려가 스며들어 있다. 그런데 왜 한국은 갈 곳 없는 난민들의 피난처가 될 수 없을까. 좁은 땅에서 수많은 인구가 경쟁하며 압박에 시달려왔기 때문일까? 난민을 환대하면 세계의 모든 난민들이 우리나라로 몰려들 것을 두려워하기 때문일까? 단일민족으로 살아오면서 외국인을 배척하는 마음을 갖게 된 것일까? 우리도 먹고살기 힘들고 가난한 사람들이 많은데 도움은커녕 부담만 될 사람들을 받아들일 이유가 없기 때문일까? 배타적 혈연주의와 외국인, 특히 유색인종에 대한 기피증, 출신국과의 외교적 마찰 및 난민 대량 유입에 대한 우려 등 난민인정에 따르는 이런저런 부담과 걱정들 때문에 지금도 우리는 주저하고만 있다.

하지만 우리보다 국토가 작은 네덜란드, 벨기에, 스위스 같은 나라들이 난민에게 보여준 수용적 태도를 생각하면 난민보

---

* 정인섭 「한국에서의 난민수용 실행」, 『서울국제법연구』 제16권 1호, 2009, 201면.

호는 자세와 이해의 문제다. 난민신청자에게 난민지위가 인정되면 그는 거주자격(F-2)을 얻어 한국에 체류할 수 있으며, 자유롭게 취업할 수 있다. 결국 난민에게 피난처를 제공한다는 것은 그들에게 체류와 취업을 인정하는 것이다. 난민들이 요구하는 것은 무조건적인 도움이 아니라 바로 그 자유의 인정이며, 우리가 그들에게 해줄 수 있는 것도 우리가 가진 자유를 조금만 나누어주는 것이다. 우리는 언제까지 그들에게 마음을 열지 않을 것인가.

우리 곁으로
수많은 난민들이 찾아왔지만,
우리는 그들을 잘 알지 못한다.
이제 그들의 목소리에
귀 기울여야 할 때다.

친구로 온 난민

1984년 중학교 2학년 때 일이다. 학창시절의 나는 명랑하다 못해 장난꾸러기였다. 한번은 착한 반장을 꼬드겨 커피에 변비약을 빻아넣고 살짝 얼려서 당시 최고의 인기를 구가하던 총각선생님인 담임선생님과 한문선생님, 체육선생님의 교무실 책상 위에 척 올려놓았다. 더운 7월, 시원한 냉커피는 교사들에겐 그야말로 최고의 음료수였다.

그런데 세 선생님들이 수업에 들어간 사이, 교장선생님과 교감선생님이 문제의 커피 한병을 나눠마신 것이다. 연로한 두 선생님은 얼마간 진땀을 흘리며 화장실을 들락거리다 급기야 양호실에 드러눕게 되었다. 한참 후 빈 커피병을 찾으러 갔던 우리는 체육선생님께 걸리고 말았다.

"또 너구나! 이 녀석들, 이 커피를 교장, 교감선생님께서 마시고 지금 양호실에 누워 계신다, 이것들아."

"네? 저흰 교장선생님께 장난친 게 아닌데요?"

"시끄러! 반장 넌 그렇게 안 봤더니…… 여기 남은 거, 니들도 마셔봐, 어서!"

우리는 남은 커피를 모두 마셨고, 나의 꼬임에 공범이 된 모범생 반장은 가볍게 시작한 일이 학교에서 큰 물의를 일으키자 몹시 힘들어했다. 이후 나는 반장과 모범생들에게 왕따를 당했지만 여전히 활발하게 지냈다. 다행히 반에는 공부 잘하며 반장 주위를 맴도는 아이들도 있었지만, 공부는 좀 못해도 착한 아이들이 있었고 그들이 내게 다가와주었다.

어느날 나는 미리라는 아이와 짝을 하게 되었다. 미리는 내 손바닥에 손가락글씨로 '나는 니가 너무 좋아. 밝고 명랑하고 힘이 있어서 좋아'라고 쓰더니 웃었다. 같은 반이었는데도 그때까지 나는 미리의 목소리를 한번도 들어본 적이 없었다. 길고 검은 생머리에 하얀 피부, 미리의 모습은 이국적이라 꽤 눈에 띄었지만, 신기하리만치 존재감이 없었다.

나를 쳐다보는 그 아이의 눈빛에서 어떤 알지 못할 애절함을 느꼈기 때문일까. 우리는 금방 친구가 되었다. 미리는 지적으로 보이는 외모와 달리 공부를 매우 못했다. 내가 도대체 왜 맞춤법도 잘 모르냐고 물으니, 미리는 어렵게 자신의 이야기를 하기 시작했다.

"난, 난민이야."

난민? 처음 듣는 말이었다.

"우리 엄마는 베트남사람이야. 영국계 외할아버지와 베트남 할머니 사이에서 엄마가 태어났는데, 우리 엄마네 집은 그 마을에서 가장 부자였고 가장 많이 배운 사람들이었어. 엄마는 월남전 때 한국에서 온 아빠를 만나 나와 내 동생을 낳았대. 그 이후 아빠는 한국으로 가셨고 소식도 없었지. 우리 가족은 아빠를 계속 기다렸고 전쟁은 점점 심해졌어. 점점 강해진 베트콩들이 지식인과 지주들을 공격했기 때문에 우리는 겨우 달아나 같은 처지의 사람들과 배를 타고 베트남을 탈출한 거야."

"부자였으면 돈이라도 가지고 왔을 거 아냐?"

"급하게 나오느라 겨우 몸만 빠져나왔고, 그나마 가지고 나온 것은 배를 타는 데 모두 썼대."

"다시 가서 가져오면 안돼?"

"돌아가면 군인들이 죽일 거야."

"그럼 가지 마. 이곳에서 살아……"

"한참 후에 부산이라는 곳에 도착했어."

"부산? 난 한번도 못 가봤는데."

"가지 마, 그런 곳엔."

"참, 너희 아빠를 만나면 되잖아. 한국의 아빠하고 살면 되잖아."

"아빠가 한국사람이니까 나도 곧 난민촌을 나와 아빠와 생활할 줄 알았는데, 한참 만에 힘들게 만난 아빠는 우리를 난민촌에서 꺼내주기만 했어."

"같이 안 살고?"

"아빠한테는 우리 엄마를 만나기 전에 결혼한 큰엄마(본부인)가 있대. 엄마는 나랑 동생만이라도 호적에 올려달라고 사정했대. 그래야 공부도 하고 취직도 하고 제대로 산다고. 그런데 아빠는 큰엄마가 반대를 한다고 그렇게 해주지 않았어."

"니네 아빠 나쁜 놈이다…… 아, 미안."

"그래도 우리 엄마는 아빠가 계신 서울에 정착하려 했고, 가장 집값이 싼 동네를 찾아 여기까지 온 거야."

"난민이면 어떻게 살아? 엄마는 일하셔?"

"우리는 한국 땅에서 겨우 살게끔만 허락된 사람들이야. 엄마가 일은 하시는데 사장들이 월급을 잘 주지 않아. 하기 싫으면 나가라는 거지. 사실 그나마 일을 시켜주는 사람들도 많지 않아서 어쩔 수 없어."

"그럼 너네 공부는?"

"나는 나이가 많아서 초등학교 1학년으로 가기 어렵다고 해서 나이에 맞게 4학년이 되었으니 한글을 잘 모를 수밖에. 동생 미연이는 1학년부터 교육을 받아서 나보다 훨씬 잘해. 그래도 지금은 5년이 지나니까 알아들을 만하고 공부도 할 만해."

"그래도 공부는 할 수 있구나."

"좋은 교장선생님을 만난 거지."

"그렇구나. 미리 니가 공부를 하려면 먼저 언어의 장벽을 뛰어넘어야 해."

내 말이 끝나자 미리는 갑자기 두리번거렸다.

"어디 있어?"

"뭐가?"

"장벽 말이야. 뛰어넘으라며?"

"윽, 안되겠다. 내일부터 나랑 공부하자. 내가 한글부터 가르쳐줄게."

"정말? 고마워."

나는 그뒤로 줄곧 미리와 단짝으로 지내며 공부를 가르쳐주었고, 꼴찌였던 미리는 시험 때마다 10등씩 올랐다.

어느날 수업을 마치고 집에 가려는데 건물 뒤에 '일진' 친구들이 모여 있었다. 구경났다 싶어 달려가보니 가운데 미리가 벌벌 떨며 서 있었다. 놀란 내가 소리쳤다.

"미리야, 너 왜 여기 있어?"

"명숙아, 얘가 니 친구니?"

"응. 근데 쟤가 뭘 잘못했냐?"

"아니, 저 기집애가 우리 보고 웃기고 있다잖아."

"미리 니가 얘네들한테 정말 그랬어? 정확히 뭐라고 말했어?"

"지나가다가 얘네들 하는 얘기가 너무 재미있어서 '웃기고 있네'라고 했어."

"뭐, 이년이 아직도……"

모든 상황이 파악되었다.

"잠깐! 신영아, 이년 버릇 내가 고칠게. 걱정 마."

성격이 밝은데다 리더십이 있었던 나는 모든 친구들과 두루두루 친했다. 물론 말썽도 잘 부렸지만 의리도 있어 소위 날라리 친구들과도 잘 어울렸고, 그들처럼 제법 놀 줄도(?) 알았다.

나는 미리에게 눈짓을 했고, 미리는 미안하다고 고개를 숙이며 눈물만 흘렸다. 내가 끼어들기 전까지는 놀라고 당황해서인지 어찌할 바를 몰라 계속 실수만 하더니, 나를 보고는 눈물 흘릴 여유도 생긴 것 같았다.

"얘 울잖냐. 니들이 봐줘라. 날 봐서 참아줘. 내가 내일 떡볶이 살게, 응?"

친구들은 화가 안 풀렸지만 많은 아이들 앞에서 사정을 하며 자신들의 체면을 세워준 나를 봐서인지 미리의 눈물을 봐서인지, 어쨌든 모두 돌아갔다.

"미리야, 너 왜 그렇게 말했어?"

"명숙아, 난 정말 걔네들 얘기가 재미있고 웃겨서 그렇게 말한 거야."

"말이라고 다 같은 말이 아니야. 남을 화나게 하는 말도 있어."

"그런 말이 뭔지 내가 어떻게 알아."

미리는 한참을 다시 엉엉 울더니 말했다.

"명숙아, 그런데 아까 아이들 앞에서 내가 베트남에서 온 난민이라고 왜 말 안했어?"

"응?"

"나는 그애들이 무섭기도 했지만, 니가 여러 아이들 앞에서 베트남사람이라고 말할까봐 걱정됐어. 초등학교 때 친구들이 내가 베트남에서 온 난민이라는 걸 알고 계속 괴롭혔고 동네어른들도 그랬거든…… 그래서 니가 말할까봐…… 그런데 끝까지 말 안해줘서 고마워."

그 정신없는 상황에서도 미리에게는 일진 깡패들에게 괴롭힘을 당하는 것보다 자신의 신분이 드러나는 게 더 큰 공포였다니.

미리와 나를 아는 선생님들은 우리의 만남을 기뻐해주셨다. 명랑함이 지나친 말썽꾸러기가 친구를 가르치면서 변화했고 안타까운 난민 미리는 졸업할 때 반에서 30등까지 올랐으니, 이 사연은 선생님들께도 매우 유쾌한 일이었던 것이다.

그후 미리는 야간상고를 가게 되었고, 나는 인문계 학교로 진학했다. 미리는 상고를 졸업하고 학교의 배려로 서무실에서 일하게 되었지만, 월급은 늘 한국사람의 절반 정도였다. 대학에 진학하고 미리를 만났을 때 그애는 이렇게 말했다.

"한국사람과 결혼을 해야 할 것 같아. 그래야 한국사람으로 인정해줄 것 같거든. 아니면 베트남으로 돌아가서 살든지."

"베트남으로 가면 죽는다며? 그래도 한국에서 살아야지."

"베트남 상황이 많이 좋아졌고…… 한국에서는 살기가 너무 힘들어."

미리는 그렇게 말하고 헤어진 이후 소식이 없다.

2장
자유를
벌러 온 사람들

난민인가 외국인노동자인가

1988년 서울올림픽이 열리고 대한민국의 이름이 세계에 알려지면서 외국인노동자들이 하나둘 들어오기 시작했다. 그러더니 1991년 11월부터 산업연수제가 시행되자 외국인노동자들이 집단으로 몰려들었다. 한국사회 변방에서 서서히 외국인노동자라는 이주민 집단이 형성되었고, 이들의 인권문제도 함께 대두되기 시작했다.

그즈음 나는 사법시험 합격의 꿈을 접고 손때 묻은 법서들을 정리하고 있었다. 이제 나에게 남은 것은 아무것도 없다고 생각했다. 법에 변호사가 아닌 사람은 법률써비스를 제공할 수 없다고 나와 있으므로 변호사가 되지 못한 나에게 법률지식은

휴짓조각이나 다름없었다. 도대체 무엇을 위해 이 오랜 세월을 고생한 것인가. 경력으로 쓰기에는 너무 초라해진 고시생의 이력을 붙들고 하나님의 인도만을 구하고 있었다.

늘어진 어깨를 추스르는 데는 많은 시간이 필요했다. 하지만 언제까지 그러고 있을 수만은 없었다. 1996년 6월 19일, 학생운동과 노동운동의 현장이던 구로공단을 찾았다. 사법시험을 준비하기 전 선배, 동료 들과 함께했던 곳이었다. 대학 초년생이던 1970년대 말에서 80년대 초 고도성장의 그늘에 가린 구로공단은 자신이 제공한 노동만큼 분배받지 못하고 정치적으로 억압당하던 한국 노동자들의 눈물이 밴 땅이었다. 그때 나는 구로공단에서 노동운동을 하는 미래의 나를 꿈꿨다. 노동자들의 아픔을 체험하고자 대학생 신분을 속이고 위장취업하여 공장에서 방학을 보낸 적도 있었다.

하지만 다시 찾은 구로공단은 한국 노동자들이 떠나고, 외국인노동자들의 땅이 되어 있었다. 도시공단 선교를 위해 이곳에 개척된 '희년선교회'도 외국인노동자 선교단체로 변신했고, 개신교 최초의 외국인노동자 인권단체로 기록된 '외국인노동자피난처'는 밀려오는 외국인노동자들로 발디딜 틈이 없었다. 나는 희년선교회와 외국인노동자피난처에서 자원활동을 시작했다. 너무 늦었을지도 모를 서른다섯의 나이, 미완의 법률가가 내린 결단이었다.

외국인이라는 이유로 한국 노동자 임금의 2분의 1, 불법체류자라는 명목으로 다시 2분의 1, 노동자가 아닌 연수생이라는 이유로 또다시 2분의 1, 외국인노동자들의 임금은 이렇듯 형편없는 수준이었다. 임금체불이나 산업재해를 당해도 보상은커녕 폭행과 강제출국을 당하는 사례가 허다했다. 희년선교회는 버마 노동자들로 북적거렸고, 외국인노동자피난처는 네팔 노동자들로 터져나갈 듯했다. 일요일이면 그들은 임금체불, 산업재해, 폭행, 강간, 사기 등 저마다 안타까운 사연을 가지고 상담소에서 긴 행렬을 이루곤 했다.

그로부터 20년이 지났다. 국내체류 외국인이 100만을 넘어 이제 외국인노동자들도 한국 다문화사회의 중요한 구성원이 되었다. 여전히 외국인노동자의 열악한 노동환경과 인권침해가 문제되고 있지만, 나의 눈길은 점점 난민에게로 향했다. 같은 외국인이고 외국인노동자들처럼 일하고 있지만, 난민에게는 돌아갈 나라가 없다. 외국인노동자들이 한국에 온 것은 그들의 자발적 선택이었고 자국이 경제적으로 빈궁할지라도 이들에겐 결국 돌아갈 나라가 있다. 하지만 난민은 박해의 공포 때문에 자국으로 돌아갈 수 없다.

한국에 외국인노동자들이 들어오면서 사실 난민들도 같이 들어왔다. 그러나 외국인노동자를 도왔던 우리조차 그들 가운데 난민이 있다는 사실을 처음에는 잘 알지 못했다. 자발적·경제적 이주와 강제적 이주라는 면에서 외국인노동자와 난민이 구별되지만, 그러한 구별이 언제나 간단한 것은 아니다. 경제적 어려움을 회피하려는 동기가 일부 작용했다 하더라도 박해에 대한 우려가 객관적으로 인정되면 난민이 될 수 있다. 또한 노동이나 취업이 통상 경제적 이주자의 뚜렷한 징표가 되지만, 난민도 생존을 위해 노동할 수밖에 없으므로 취업을 했다는 이유로 난민성을 부정할 수는 없다. 한편 불법체류 외국인노동자들이 체류연장의 수단으로 누구나 신청할 수 있는 난민제도를 남용할 여지가 있기 때문에 난민신청자 모두를 난민으로 취급할 수도 없다.

최근까지 한국의 난민심사 기간은 평균 2~3년, 길게는 4~5년씩이나 걸렸고, 누구나 신청만 하면 심사기간 동안 체류가 허용되기 때문에 불법체류자들이 4~5년의 시간을 벌기 위해 난민제도를 남용할 여지가 많았다. 대부분의 선진국에서는 난민인정 절차가 3~6개월 내외에 끝나며, 그동안 국가가 의식주를 제공하고 최소한의 생계비를 지급한다. 6개월이 지나도 난민인정 절차가 끝나지 않으면 난민신청자에게 취업을 허용하여 스스로 생계를 꾸려갈 수 있게 한다.*

그러나 한국은 난민신청자에게 취업을 금지하면서 아무런 생계대책도 제공해주지 않기 때문에 난민신청자는 합법적으로 생존할 길이 없다. 결국 그들은 불법으로 취업할 수밖에 없고, 정부도 그러한 사정을 알기 때문에 취업을 묵인하고 있다.

---

* 이호택·김종철·형수진『난민신청자에 대한 각국의 지원시설과 사회통합제도 연구』, 법무부 2009, 194면.

박해를 피해 이곳까지 온 난민들은
다시 차별과 편견에 맞서 싸워야 한다.
이 땅에서 난민들에게 허용된 것은
아무것도 없다.

취업을 허용하지 않지만 모두가 불법취업하고 있으며, 모두가 불법취업하고 있지만 아무도 단속할 수가 없는 것이다. 불안한 생계로 난민들이 고통받는 사이, 더 많은 불법체류자들이 난민신청으로 몰려들고 사건이 폭증하여 심사는 더욱 지연된다. 모든 난민신청자는 난민제도를 남용하는 불법체류자로 의심받고, 난민제도는 원래의 취지를 잃어버린 채 쓸데없는 제도로 전락하고 만다. 이것이 바로 한국 난민제도의 악순환이다.

난민이 보호받기 위해서는 불법체류자들이 체류연장의 수단으로 난민제도를 남용하지 못하도록 제도를 보완, 정비해야 한다. 심사기간은 단축되어야 하고, 판정은 정확하되 난민인정에는 너그러워야 한다. 난민인정 절차는 다른 나라들처럼 길어도 6개월 안에 끝나야 한다. 그리고 그 안에 절차를 끝내지 못하면 취업을 허용하여 자립의 길을 열어주어야 한다.

난민신청자에게 취업을 허용하지 못하는 것은 그들이 우리 일자리를 빼앗아갈 것이라는 걱정 때문이다. 하지만 모든 직업이 반드시 경쟁적인 것은 아니며, 한 사람의 일자리가 또다른 일자리를 만들어낼 수도 있다. 그것이 우리가 어울려 사는 사회다. 더구나 난민은 외국인이요 우리와 다른 문화와 재능을 지닌 사람들이기 때문에 우리와 충돌하지 않는 자리에서 일할 수 있다.

특히 한국에 들어오는 난민은 집단난민이 아니라 젊고 유능한 개별난민이므로 오히려 그들이 산업노동 인력으로 활용된다면 경제적으로 이득이 될 수 있다. 게다가 난민신청자 규모가 15년 누적 3천명에 불과한데다 당분간은 연간 300~500명 수준에 지나지 않을 것으로 예상되므로 우리 노동시장을 교란할 만한 규모가 되지 못한다.

난민들에게 취업을 허용하지 못하는 또다른 이유는 그들에게 취업을 허용하면 아예 여기서 눌러살지 않을까 하는 우려 때문이다. 경제적 동기에 의한 자발적 이주는 스스로의 의지에 따라 선택한 것이므로 적어도 일정기간 본국으로 돌아갈 마음이 없고, 일반적으로는 가급적 이주한 나라에 정착하고자 하는 경향이 있다. 반면 난민은 돌아갈 나라가 없으므로 이주국에 정착할 것처럼 보이지만, 오히려 강제로 이주당한 사람들이기 때문에 박해가 사라지면 자발적으로 돌아갈 가능성과 경향이 크다. 난민에게는 돌아갈 마음이 있어도 돌아갈 나라가 없을 뿐이다. 몰아내지 않아도 나라가 회복되면 그들은 돌아갈 것이다. 조국이 민주화되면 즉시 돌아갈 각오로 처음에는 한국말도 배우지 않은 버마난민들이 좋은 예라 할 수 있다.

난민개념의 핵심은 박해

콩고민주공화국 출신인 나르씨스는 1999년 10월 대한민국에 입국한 후 양계장에서 일하다 불법체류 단속으로 구금되었고,

출국명령을 받자 2000년 11월 난민신청을 했다. 겉으로 보기에 그는 영락없는 불법체류 외국인노동자였다. 그러나 어쩔 수 없는 이유로 남의 나라에 왔고, 돌아갈 수 없기에 부득이 불법으로 체류했으며, 생계를 위해 노동한 것이니 경제적 이주자는 아니었다.

나르씨스는 콩고의 수도 킨샤사(Kinshasa)에 소재한 가장 진보적이고 투쟁적인 반정부조직인 아르미 드 빅뚜아르 교회의 청년회장이었다. 회장직을 수행하며 목사와 함께 예배와 집회를 통해 강제징집 거부와 반전운동을 전개하던 그는 정부군에 의해 체포, 감금되었다. 교회를 나서는 길에 군인들을 만났고 군인들은 청년들을 강제로 트럭에 태워 알 수 없는 곳으로 데려갔다. 군인들에게 발로 짓밟히고 곤봉으로 얻어맞으면서 한 달여를 잡혀 있었는데, 매일같이 들려오는 비명과 울음소리에 극도의 두려움에 사로잡혔고 배고픔으로 기진맥진했다. 한 사람씩 불려나갔고 나간 사람은 다시 돌아오지 않았다. 사람들은 그들이 죽임을 당했다고 말했다. 교인들의 로비로 나르씨스는 감옥을 빠져나와 가족들도 만나지 못한 채 은신처에 숨어 있다 겨우 자국을 탈출했다. 그의 피난처는 대한민국이었다.

콩고민주공화국에는 법률상 병역의 의무가 없다. 그러나 오랜 내전을 거치며 정부군과 반군은 사람들을 강제징집하여 전쟁터로 내몰았다. 징집을 거부하면 적을 지지하는 자로 간주되어 거부한 자뿐 아니라 가족들까지 살해당했다. 정부군에게든 반군에게든 징집된 자들은 명분없는 전쟁에 동원되어 자신의 양심, 정치적 견해와는 상관없이 민간인 학살, 고문, 가옥의 약탈 및 방화, 소년병 강제징집, 강간 등 수많은 반인륜적 행위를 수행하도록 강요받았다. 이것이 나르씨스가 징집을 반대하고 반전운동에 가담한 이유였다.

하지만 그의 주장은 한국에서 받아들여지지 않았다. 일하다 잡혔으므로 외국인노동자요, 증거가 없으므로 못 믿겠다는 것이었다. 박해를 받은 난민이 박해증명서를 가져오는 것이 상식적으로 가능한 일인가. 난민에게는 대부분 그들의 고난을 증명해줄 서류가 없다. 그러므로 그들의 진술이 진실하고 일관성이 있으면 증거가 없어도 난민의 말을 믿어주어야 한다는 것이 난민법의 가장 기본적인 원칙이다. 그러나 한국의 법무부와 행정법원은 나르씨스를 믿지 못했다. 나는 2006년 10월 콩고민주공화국을 방문할 기회를 얻어 나르씨스의 증인들을 만났고, 그들의 증언을 수집해 돌아왔다. 고등법원은 다행히 그들의 증언을 받아들여 나르씨스의 손을 들어주었다.*

강제적 이주자로서 난민개념의 핵심은 박해다. 난민협약에는 박해의 정의가 없으나, 우리 대법원은 나르씨스 판결에서 박해란 '생명, 신체 또는 자유에 대한 위협을 비롯하여 인간의 본질적 존엄성에 대한 중대한 침해나 차별을 야기하는 행위'**

---

* 서울고등법원 2007. 1. 19. 선고 2006누5467 판결.
** 대법원 2008. 7. 24. 선고 2007두3930 판결.

라고 정의했다. 그리고 제임스 해서웨이(James C. Hathaway) 교수
는 '국가보호의 실패에서 비롯된 기본적 인권에 대한 지속적이
거나 체계적인 침해'*라 하여 '기본적 인권의 침해'와 '국가보
호의 실패'라는 두가지 요소로 박해를 정의했다.

기본적 인권의 범위에 관해서는 논란이 있을 수 있으나, 적
어도 생명, 신체 또는 자유에 대한 위협이 박해라는 점에는 논
란의 여지가 없다. 그러나 생명과 신체 보호에만 한정하면 난
민보호의 범위가 지나치게 좁아지므로 어느정도 그 범위를 넓
힐 필요가 있다. 국제협약이나 각국의 관행에 의하면 정신적
고통이나 경제적 박탈 등도 심각한 기본적 인권침해로 여겨질
수 있을 때는 박해로 보고 있다. 고문처럼 잔인하고 비인도적
이며 인간의 존엄을 해하는 처우, 강제노역, 여성에 대한 강간
이나 할례, 미성년 여성을 강제로 혼인시키는 것도 기본적 인
권침해로 볼 수 있다.

캐나다에서는 고문, 구타와 같은 신체학대, 누적된 희롱, 오
랜 기간 체계적으로 위협과 신체적 위해를 가하는 것, 강간, 국
가의 한자녀정책을 위한 강제불임, 한자녀정책에 반하여 아이
를 출산한 미혼모로부터 아이를 평생 강제로 떼어놓는 것, 극
도로 심각한 불이익을 초래하는 경제적 기회 박탈, 정치적 활
동을 이유로 해고하고 평생 다른 직장을 갖지 못하도록 하는

---

* James C. Hathaway, *The Law of Refugee Status*, Toronto: Butterworths 1991,
  101면.

것, 의료보장·교육·취업의 기회 박탈 등을 모두 박해로 보았다.

미국에서는 생명 또는 자유에 대한 위협, 고문, 감금, 의도적으로 심각한 경제적 불이익을 주는 행위, 최소한의 생계를 위한 노동조차 못하도록 팔을 심하게 부러뜨린 행위, 고도로 숙련된 주방장에게 단순요리만 하도록 강요한 행위, 종교적 신념을 포기하도록 강요한 행위 등을 박해로 인정했다. 영국에서는 폭행과 억압은 박해에 해당하고, 감금상황은 박해를 받았다는 징표가 될 수 있으며, 노조지도자임에도 평생 노조활동을 포기해야 하거나 국적국의 일부지역에서 안전하게 거주할 수 있다 하더라도 그것이 당국의 감시를 피하기 위한 것이며 가족과 멀리 떨어진 지역에서만 안전하게 살 수 있다면 박해라고 보았다.

스위스에서는 신체의 안전이나 생명 또는 자유에 대한 침해가 심각한 정도는 아닐지라도 지속적으로 반복되는 경우 또는 인권이 보호하는 기타 법익에 대한 침해가 있는 경우로서 그러한 침해가 정치적 동기에 의한 것이고, 이로 인해 견딜 수 없을 정도의 심리적 억압이 있다면 박해에 해당된다고 보았다. 독일에서는 소수민족 출신이라는 이유로 전투에서 항상 최전선에서 싸우게 하는 등 극단적으로 힘든 병역, 간통하여 혼외자를 출산한 여성에 대한 채찍질, 강제적 종교개종, 최저생계 수준을 위협할 정도로 직업을 갖지 못하게 하는 행위가 박해로 인정되었다. 프랑스에서는 가혹행위를 수반한 가택수색, 지속적 또는

반복적으로 이루어지는 심각한 수준의 희롱 등을 박해로 인정했다.[*]

한편 기본적 인권에 대한 침해가 있더라도 국적국이 보호하는 경우에는 국제사회가 개입할 필요가 없으므로 박해가 아니다. 기본적 인권에 대한 지속적·반복적 침해가 있음에도 불구하고 국적국이 그를 보호할 의사나 능력이 없는 경우에만 박해가 된다. 국가의 보호 실패는 국가 내의 일부집단 혹은 일부지역에서 박해가 이루어질 때에도 일어난다. 국가는 단지 국민의 권리를 직접 침해하지 않으면 족한 것이 아니라, 국민이 침해를 당하는 경우 적극적으로 이를 보호해야 한다. 그런데 많은 이슬람국가에서는 비록 국가적 차원에서 개종자를 처형하지 않을지라도 무슬림들이 종교법이나 관습에 따라 개종자를 사적으로 처형하거나 테러하는 경우가 많다. 이런 경우 국가기관은 침해를 고의적으로 묵인, 동조한 것이기 때문에 국가의 보호의사가 없는 박해가 된다.

내전과 같은 중대한 치안부재의 상황에서 국가가 효과적인 보호를 제공할 여력이 없어 보호하지 못하는 경우는 국가의 보호능력이 없는 박해에 해당된다. 네팔이나 스리랑카, 코트디부아르, 라이베리아 등은 최근까지 내전이 있었고 내전 종료 후에도 아직 질서가 회복되지 않아 국가권력이 충분한 보호를 제

---

[*] 주진열 「난민지위협약상 박해의 의미」, 서울대학교 공익인권법센터 학술회의 자료집 2009, 29~32면.

공하지 못하는 경우다. 많은 나이지리아 난민신청자들은 권위적이고 부패한 정부가 개인의 권리보호를 제대로 하지 않는다고 호소하며, 가나, 콩고와 같은 나라에서는 국가권력이 미약하고 사적·부족적 통제가 강해 국가의 보호를 기대하기 어렵다고 한다.

차별을 이유로 난민신청하는 사례들도 많다. 네팔 카스트제도의 낮은 계급 출신, 버마의 친족·까렌(Karen)족, 방글라데시의 줌머(Jumma)족 등 소수민족, 나이지리아의 동부 이보(Ibo)족이나 코트디부아르의 북부 무슬림은 출신, 인종, 지역, 종교 등의 이유로 차별을 받는다고 호소한다. 그러나 어느 사회든 크고 작은 차별들은 존재하기 때문에 일상적인 차별이나 편견만으로, 혹은 차별받는 집단에 속해 있다는 이유만으로는 박해로 인정되지 않는다. 또한 재산권은 인권의 핵심부분이 아니므로 재산을 위법하게 몰수당했거나 몰수당할 위험에 처해 있다는 사실만으로는 박해로 보지 않는다.

대부분의 국가에서 차별이나 경제적 어려움은 신청인에 대한 신체적 폭력이나 주거에 대한 공격과 같은 직접적인 침해행위가 수반되지 않는 한, 박해에 이를 정도의 중대한 침해로는 보지 않는 경향이 있다. 그러나 차별이 중대하고 공포스러우며 많은 차별조치들이 누적된 경우, 재산 몰수시 이에 대한 저항을 억압하기 위해 또다른 박해의 요소를 수반한 경우는 박해가 될 수 있다. 또 차별이나 재산 박탈이 누적되면 이를 시정하기 위해 정치적 운동이나 분쟁으로 발전하는 경우도 많다.

이슬람이 국교인 방글라데시에서 온 모잔은 힌두교 가문에서 태어났다. 모잔은 어려서부터 종교 때문에 차별을 당했고 크고 작은 폭력에 시달렸으며 이웃 무슬림들에게 토지도 약탈당했다. 토지를 빼앗아간 사람들로부터 위협당하던 그는 이들을 경찰에 신고했다. 그러나 경찰은 이교도들을 보호하지 않았고, 오히려 경찰에 신고한 사실을 알게 된 무슬림들에게 살해위협과 허위기소까지 당하게 되었다. 결국 이러한 박해를 피해 모잔의 가족들은 인도로 피신했다. 모잔은 방글라데시국민당(Bangladesh National Party, BNP)에 비해 소수종교에 다소 우호적인 정책을 펴던 아와미 리그(Awami League)에서 학생조직 책임자로 활동하기 시작했다. 당연히 반대파 무슬림들의 테러목표가 되었다.

그런데 그가 기독교로 개종한 후부터는 가족들에게도 위협을 받아 정상적인 생활을 할 수 없었다. 개종소식을 들은 가족들은 힌두교 전통에 의해 그를 집안에 들일 수 없다며 쫓아냈고, 그의 형은 그를 참수하겠다는 편지까지 보내왔다. 결국 모잔은 교회 쉼터에서 숨어 지내다가 교회의 도움으로 한국으로 탈출하여 난민신청을 했다.

그러나 한국은 방글라데시가 국가 전반을 이슬람교가 지배하는 이슬람국가이긴 하지만, 종교와 표현의 자유를 보장하는 시민적·정치적 권리협약의 체결국으로서, 정부가 이슬람 외

의 다른 종교를 인정하고 소수의 힌두교와 기독교인도 존재하
고 있으므로 모잔이 당한 인권침해는 차별에 불과한 것이라 해
석했다. 또한 방글라데시에는 종전부터 이슬람 근본주의자들
이 종교적 소수자들을 테러하는 일이 빈번하긴 했으나, 방글라
데시 정부가 이에 대처하고 있으므로 국가의 보호가 없다고 볼
수는 없다며 난민인정을 거부했다.*

* 서울행정법원 2007. 6. 5. 선고 2006구합39703 판결.

외국인노동자에서 난민으로

나는 고등학교 내내 놀며 지내다 3학년 말에야 정신을 차렸고, 삼수 끝에 대학에 들어갔다. 단국대 한문교육과 3학년, 내나이 스물네살이던 1993년 봄날, 파키스탄 외국인노동자가 우리집에 전화를 걸어왔다. 당시 집 전화번호를 바꾸었는데, 그가 아는 사람이 전에 쓰던 번호인 모양이었다.

찾는 사람이 없다고 하자 그는 매우 난처한 목소리로 대답했다. "네? @#$%……" 당황해서 모국어로 이야기하는 그의 절박함이 목소리에서도 느껴졌다. 나는 전화 잘못 걸었다며 그가 알아듣기 쉽게 영어로 이야기했다. 다급해진 그는 내가 영어로 이야기하자 자신과 함께 한국에 입국한 외국인노동자 친구가 공장에서 일하다 다쳐 지금 매우 아프니 영어를 할 줄 알면 와서 도와달라고 어눌한 한국말로 통사정했다.

수화기를 통해 들려오는 절박한 목소리를 뿌리치지 못하고 나는 그의 친구가 입원해 있다는 고대 구로병원으로 갔다. 그날 한국에서 일하다 산재를 당한 파키스탄인을 우연히 돕게 되면서 외국인노동자를 위한 나의 인생은 시작되었다. 당시에는 외국인노동자를 돕는 단체가 천주교단체 한곳과 내가 몸담았던 '외국인노동자피난처'뿐이었다. 때문에 많은 외국인노동자 친구들이 몰려와 도움을 청했고, 우리는 비록 어린 나이지만 그들을 돕고 싶다는 마음 하나로 열심히 상담하며 치열하게 문제들을 풀어나갔다.

외국인노동자를 도우면서 특이한 사람도 여럿 만났는데, 찬드라도 그중 하나였다. 외국인노동자들은 돈을 벌기 위해 한국에 온 사람들이기 때문에 사장님이나 직원들이 아무리 잘해줘도 친구가 일하는 공장에서 월급을 더 준다고 하면 바로 다음날 회사를 옮기기도 했다. 그런데 네팔청년 찬드라는 사뭇 달랐다. 그는 일이 힘들고 월급이 적은데도 공장을 옮길 생각이 없었고 불평도 하지 않았다.

"찬드라, 왜 회사를 옮기지 않아? 힘들잖아. 돈도 조금 주고."

"괜찮아. 그래도 이 회사는 사장님이 좋아. 그리고 일은 힘들어도 자유시간이 있어서 그 시간에 책을 볼 수 있어."

"와아, 찬드라는 일하면서 돈도 벌고 공부도 하니 네팔 가면 성공하겠네. 언제 갈 거야?"

"난 집에 돌아갈 수 없어."

"왜? 사고라도 쳤냐?"

"응, 우리나라는 아직도 왕이 있어. 그리고 정말 문제인 것은
카스트제도야. 브라만을 위주로 하는 신분사회. 나는 그래도 2
등계급인 크샤트리아라서 좀 나은데 바이샤, 수드라는 정말 사
람 대접도 못 받지. 우리는 신분을 뛰어넘어서 결혼하기도 힘
들어."

"나는 한국에서 태어나 다행이네."

"그래, 우리 네팔도 한국처럼 살게끔 만들어야지."

"그런데 무슨 사고를 쳤니? 혹시 브라만계급 여자라도 사귀
었니?"

"그게 아니고 학생운동, 민주화운동 하다가 잡혔는데 가족들
이 꺼내줬어. 남한으로 돈 벌러 간다는 친구들 틈에 숨어서 함
께 들어온 거야."

"그럼 외국인노동자잖아!"

"살아야 하니까 일은 하지만, 돈 벌러 온 외국인노동자는 아
니야. 나는 난민이야."

"난민?"

"응, 돌아가고 싶어도 가지 못하는 사람."

"그럼 도망자인데 어떻게 출국할 때 공항에서 안 잡혔어?"

"여권을 위조했어."

"여권 위조? 그거 불법이잖아. 우리 엄마가 법은 잘 지키라고 했는데."

"명숙, 나도 그러고 싶지 않았는데 그렇게 안하면 살 방법이 없었거든."

"그래도……"

그러자 평소 화 한번 안내던 찬드라가 답답한 듯 큰 소리로 말했다.

"바보야, 난민이 어떻게 법을 지켜?"

사실 내 꿈은 빈민촌 아이들을 가르치는 좋은 교사가 되는 것이었다. 하지만 어릴 적 꿈은 포기했다. 이유는 단 하나였는데, 바로 그들보다 더 불쌍한 외국인노동자들을 도와야 했기 때문이다. 그런데 막상 내가 도와주려는 그들이 불법을 자행하는 사람들이라는 사실을 깨닫자 부담이 되었다. 혼란스러움을 느끼며 계속 물었다.

"난민은 모든 나라에서 도와야 하는 사람들이잖아. 어쩔 수 없이 여권을 위조했다 하더라도 공항에서 경찰에 자수하면 되지 않아?"

"아이고 명숙, 네 말이 다 맞아. 나도 그러고 싶지. 그런데 한국의 출입국관리소 직원은 우리가 난민이라고 하면 그냥 그 자리에서 타고 온 비행기에 다시 태워 본국으로 보내. 그럼 우리가 어떻게 되겠어? 아직 한국은 난민을 받고 싶어하지 않고 받을 준비가 안된 거지……"

"설마, 난민은 보호하고 보살펴줘야 하잖아. 그리고 우리도 6·25 때 거의 모든 국민이 난민이었는데……"

"한국이 아직 난민에 관심이 없는 거야. 그리고 옛날 생각을 못하는 거지."

"그렇구나. 난 잘 몰랐어."

그후로는 일부러 어렵고 힘든 이야기는 피하며 지냈다. 몸과 마음에 깊은 상처를 입은 외국인 친구들을 돕기에 우리는 한참 어렸고 실력도 부족했다. 그럼에도 우리는 인간적으로 다가갔다. 그들의 상황은 말 그대로 고난이었다. 어둡고 힘든 그들의 문제를 너무 심각하게 받아들이기보다는 절망 속에 있을지라도 희망을 찾도록 돕는 것이 중요했다. 긴 시간 동안 우울한 상황에 갇혀 지내는 그들에게 무엇보다 필요한 것은 바로 웃음이었다.

네팔 출신의 노동자 햄은 공장에서 일하다 롤링기에 손이 말려 오른쪽 손가락 전체가 한마디씩 잘렸다. 그는 매일 이를 비관했다. 또 방글라데시 카잔 아저씨는 프레스기에 오른손 검지와 중지 마지막 마디가 절단되었는데 접합수술을 했으나 부작용이 심각했다. 마치 손가락 끝에 거봉포도 한알씩을 달고 있는 것 같아 늘 그것을 감추려고 했다.

"햄, 너 왜 그렇게 울상이야?"

"누나, 나 죽고 싶어. 손가락 없어, 여자 없어, 결혼 없어, 나 죽어!"

"야 햄, 저기 저 카잔 아저씨 봐라. 너는 카잔 아저씨보다 예쁘게 잘렸잖아!"

"히히, 맞아. 누나, 나는 이쁘게 잘렸네."

카잔 아저씨가 끼어들었다.

"미스 조, 그럼 나는 뭐유?"

"아이 카잔 아저씨, 아저씨는 두개밖에 안 잘렸잖아요."

"으응? 하하."

어느날은 네팔 출신의 타파가 공장에서 일하다 손가락 두개가 절단되는 사고를 당했다. 나는 위로도 해주고 상황도 지켜볼 겸 함께 병원에 갔다. 점심시간이 되어 주위 식당을 찾아보니 설렁탕집밖에 없었다. 네팔은 힌두교를 믿는 국가이며 타파도 힌두교도라 소고기를 먹을 수 없었다. 그래서 다른 식당을 찾아보려 하는데 그는 그냥 설렁탕집에 들어가자며 나를 이끌었고, 설렁탕 두 그릇을 시켜놓고는 입맛을 다셨다.

"타파, 괜찮아요? 네팔은 소를 어머니라고 생각하는데 어떻게 먹겠어요?"

나는 종업원 아주머니를 향해 소리쳤다.

"아줌마, 여기 그냥 물 말아서 먹을 거니까 반찬만 좀 많이 가져다주세요."

"아, 간사님, 괜찮아, 괜찮아."

타파는 내 귀에 대고 말했다.

"간사님, 네팔 소는 안 괜찮지만 한국 소는 괜찮아요. 쉿!"

타파는 금방 나온 설렁탕을 너무도 맛있게 먹기 시작했다.

"그런데 이 고기는 네팔에서 수입된 거라는데? 하하하."

"그럼 간사님, 다음번에는 비싸도 한우 설렁탕집으로 가요."

이처럼 우리는 아픈 사람들에게 웃음을 전하고 함께 희망을 찾아가는 일에 보람을 느꼈다. 사실 외국인노동자 문제는 이기심만 극복하면 쉽게 풀렸다. 산재보상을 해주고, 체불임금을 지급해주고, 노동자로 대우해주는 등 우리의 이기심만 버리면 해결이 분명했다. 그리고 그것이 해결되면 그들은 그리운 집으로 돌아갈 수 있었다.

문제는 난민이었다. 그들에게 해결책이 없는 건 아니었지만, 그 과정이 너무 어렵고 복잡했다. 당연히 난민 친구들에게로 점점 마음이 쏠렸다. 그들과 함께 웃고 싶다는, 어쩌면 불가능할지도 모를 희망을 갖기 시작했다.

외국인노동자는 한국에 입국하기 전 가능한 한 많은 사전지식과 정보를 습득한다. 심지어 어떤 사람들은 공장에서 쓰는 한국말이나 한국사람들의 예절, 풍습 등을 배워오기도 한다. 그러나 난민들은 급박하게 탈출하느라 거의 아무 준비 없이 한국에 들어오는 경우가 많다.

어느날 디바라는 아가씨가 상담소를 찾아왔다. 디바는 외국인노동자 중에서는 드문 스리랑카 출신이었다. 대부분의 외국인노동자들은 자신의 출신국 사람들이 모이는 상담소를 주로 이용하는데, 디바는 오히려 우리 사무소에서 자신이 유일한 스

난민들에게 필요한 것은
바로 웃음이었다.
우리는 힘없고 가난했지만,
그들과 함께 웃고 싶었다.

리랑카인임에 안도하며 열심히 나왔다.

디바는 나보다 두살 어린 동생으로 나를 잘 따랐고 나도 그녀를 따뜻하게 챙겨줬다. 그녀는 한국에 대해 잘 모를 뿐 아니라, 어쩐 일인지 아무런 짐도 가져오지 않아 나는 언니로서 생필품을 챙겨줘야 했고, 심지어 속옷까지 사주었다.

이제 막 친해지려 할 즈음이었다. 가까운 시장으로 디바의 속옷을 사러 함께 나섰다. 속옷가게에는 젊은 여성들이 좋아할 만한 예쁜 속옷들이 많았는데 디바는 가장 저렴하고 흔한, 우리 할머니께서 좋아하셨던 흰색 면팬티를 골랐다. 속옷도 샀으니 내친김에 목욕을 하러 가자고 제안했다. 태어나 처음으로 공중목욕탕을 경험하는 디바의 문화충격이 어떨지 궁금하기도 했고, 나의 억제할 수 없는 장난기도 한몫한 것이다.

디바는 공중목욕탕을 개인샤워실이 여럿 있는 정도, 아니면 자신들처럼 강가에서 대충 옷을 입고 씻는 정도로 생각했던 것 같다. 토요일 아침이라 목욕탕엔 사람들이 몇명 없었고 그나마도 모두 탕 안에 있었다.

디바는 탈의실에서 의미심장한(?) 웃음을 지으며 옷을 훌훌 벗는 나를 보고 눈이 휘둥그레졌다. 급기야 마지막 속옷을 벗으려 하자 그녀는 내 팬티를 잡으며 "언니 왜 그래?" 하고 울먹였다.

예상보다 격한 그녀의 반응이 기가 막혀 웃고 있는데, 때마침 탕 안에서 벌거벗은 아줌마들이 나오는 것을 보더니 그제야 디바도 웃기 시작했다. 문제는 그 다음이었다. 목욕탕에 들어가려면 옷을 모두 벗어야 하는데, 디바는 죽어도 팬티는 못 벗겠다고 우겼다.

"언니 안돼요…… 오 노우."

"야, 너 왜 그래? 아줌마들도 다 벗고 들어가잖아. 창피하게."

"언니 안돼…… 정말……"

"기집애, 알았어. 아이고 창피해. 난 몰라."

결국 디바는 아침에 산 새하얀 속옷을 입고 탕 안으로 들어왔다. 잠시 후 탕에 들어온 아줌마들은 면팬티를 입은 디바를 보며 웃기 시작했다. 디바도 눈치를 보더니 슬슬 속옷을 벗었다. 내가 탕에서 몸을 불리고 나온 뒤 때수건으로 팔을 밀자, 디바는 깜짝 놀라며 말했다.

"언니 뭐야? 더티 많아."

"으이고 이것아, 넌 더 많아!"

때수건으로 디바의 어깨를 밀어내렸다. 그 순간 나와 디바 모두 놀랐다. 디바는 태어나 처음으로 때수건을 몸에 댄 것이었다. 그 효력은 대단했다. 디바는 화들짝 놀라며 누가 보는지 살핀 후에 잽싸게 물로 씻었다. 그러고는 내 때수건을 빼앗아 피부가 딸기처럼 새빨개질 때까지 밀고 또 밀었다. 기다리다 지친 나는 탈의실에서 잠이 들어버렸다.

나중에 안 사실이지만 디바는 스리랑카의 타밀호랑이(스리랑카에서 독립을 외치던 반군게릴라 조직)의 거점지역인 스리랑카 동북부 출신이었다. 대학에 입학할 즈음 친구들이 반군단체와 관련되어 정부군에 붙잡혀갔고 자신도 위협을 느끼자 아무 준비도 없이 한국에 입국하게 된 것이다. 이유를 듣고서야 디바가 왜 다른 외국인노동자와는 달리 아무런 준비 없이 왔는지, 그리고 외롭게 혼자 살고 있는지 이해하게 되었다.

3장
신혼여행에서
탈북난민을
구하다

1997년의 두만강

1997년의 두만강은 푸른 물이 아니라 붉은 물, 썩은 물이었
다. 수없이 많은 탈북자들이 두만강을 건너다 목숨을 잃었다.
사지를 늘어뜨린 시체들이 강 곳곳에 둥둥 떠 있었다. 배고픈
까마귀들만 하늘을 날고 있을 뿐, 시체를 거두는 이조차 없었
다. 압록강변도 마찬가지였다. 어떤 이는 여기 자갈밭에 외로
이, 어떤 이는 저기 굽이진 강기슭에 둘, 셋…… 상상도 못했던
엄청난 일들이 눈앞에 벌어지고 있었다. 민족의 비극을 처음
목격한 증인으로서 이 소식을 알려야 했다. 북한을 구하자고
외쳐야 했다. 책임감, 아니 책임감만으론 부족한 사명감이 두려
움과 함께 밀려왔다.

나는 당시 외국인노동자피난처의 활동가로서 한국에서 당한 인권침해를 해결하지 못한 채 쫓겨난 외국인노동자들을 돕기 위해 동남아 일대를 돌아 중국을 방문한 것이었다. 중국동포 피해자들에 대한 조사가 마무리될 무렵, 훨씬 끔찍하고 충격적인 북한동포의 현실을 목도하게 된 것이다. 수많은 산재피해자, 체불임금 피해자, 초청사기 피해자 들의 사례를 접수받으면서 그들의 고통과 눈물과 아우성을 보았지만, 북한동포의 비참함 앞에서는 아무것도 아니었다.

아무도 알지 못했던 동포의 땅 북한으로부터 우리가 처음 전해들은 소식이 이렇게 많은 탈북자의 죽음이라니. 가까스로 살아남은 탈북자들의 얼굴과 온몸에서 사무치게 배어나는 그 공포의 그림자……

어릴 때부터 교회에 다니면서 이상하게 마음이 끌린 것은 십자가에 매달려 고난당하는 예수의 모습이었다. 청소년기를 보내면서 내 마음을 끌어당긴 성경구절 역시 '좁은 문으로 들어가라'였다. 일부러 찾아온 것은 아니었지만, 어찌어찌 걸어온 길이 두만강변이었다. 그리고 거기서 동포들의 죽음을 보았고, 탈북난민들을 만났다. 그 길이 난민활동으로 들어가는 좁은 문이었을까.

우리는 그때 탈북자들을 '식량난민'이라 불렀다. 난민의 개념도, 그들의 온몸에 밴 공포의 정체도 알지 못한 채, 우리는 이들의 헐벗은 모습만 보고 배고파 국경을 넘은 사람들이라 생각했다.

그들은 우리에게 북한에서 얼마나 많은 사람들이 굶어죽고 있는지 전해주었다. 우리는 당장 쌀을 보내 굶주린 북한을 도와야 한다고 생각했다. 두만강과 압록강변을 다니며 수많은 탈북자들을 만났고, 그들의 증언을 채취해 통계를 내보니 가계마다 10분의 1의 사람들이 굶어죽은 것으로 밝혀졌다. 에티오피아에서는 1984~85년 대기근으로 7천만 인구 중 1백만명이 사망했다. 하지만 북한에서는 2천만 인구 중 2백만명이 사망한 것이다. 세계적 기아의 대명사인 에티오피아보다 더한 북한의 기아에 대해 어떻게 우리는 아무것도 몰랐단 말인가.

이 끔찍한 민족의 비극을 사람들에게 전해야 한다고 생각했다. 그러나 북한의 기아에 관한 증거를 얻기 어려웠고, 사람들은 우리가 전하는 소식을 믿지 않으려 했다. 에티오피아의 기근이 사람들의 마음을 울린 것은 피골이 상접한 에티오피아 아이들의 사진이 세상에 알려졌기 때문이다. 하지만 2백만 동포들이 죽어가는 동안 우리는 두만강 압록강에 떠다니는 탈북자들의 시체만 보았을 뿐, 굶주리는 북한아이들의 사진을 한장도 구할 수 없었다. 북한은 인민들이 그렇게 굶어죽어가는 동안 외부세계를 향해 철저히 빗장을 걸었으며, 탈북자들을 가차없이 처단한 것이다.

자원이 풍부한 북한이 왜 굶주리는가. 굶주리는 사람들은 왜 탈출하지 못하는가. 당시 우리는 굶주림과 식량문제에만 집중

하느라 그들이 감당해야 할 박해의 두려움에는 주목하지 못했다. 그러나 시간이 지나면서 사람들이 식량을 생산하지 못하고 굶주리게 된 것도, 굶어죽으면서도 탈출하지 못하고 설령 탈출해서 식량을 구해도 집으로 돌아가지 못하는 것도 모두 박해와 공포 때문이라는 사실을 알게 되었다.

많은 사람들이 탈북문제는 식량문제요 식량문제는 경제문제라고 생각한다. 우리도 처음에는 탈북자들이 단순히 식량 때문에 탈출한다고 생각했다. 그러나 북한처럼 생산수단이 국유화되고 배급제가 실시되는 나라에서 배급의 중단과 그로 인해 초래되는 식량난은 경제의 문제가 아니라, 기본적 인권인 생명박탈의 문제였다. 최소한의 생활수단이 결핍된 상태에 있음에도 불구하고 국가가 이에 대한 보호의사나 능력이 없다면, 국가의 보호가 존재하지 않는 상태로서 이는 박해에 해당한다. 우리는 뒤늦게야 이 사실을 알게 되었다.

또한 탈북난민들의 공포는 식량을 구하러 온 사람이 가질 법한 형사처벌에 대한 공포나 그간 무수히 보아왔던 불법체류자가 갖는 출입국관리법 위반에 대한 공포와는 완전히 달랐다. 그들이 중국에서 불법체류자로 은신하면서 노동착취와 강간 등의 참혹한 인권유린을 당하면서도 대안없이 인내하거나 제3국 탈출을 시도할 수밖에 없는 까닭은 북한으로 돌아가면 더 큰 박해가 기다리고 있기 때문이었다. 이것이 바로 굶주림 뒤에 숨은 탈북난민의 공포였던 것이다.

내가 본 수많은 굶주림과
공포와 죽음.
97년의 두만강은
난민활동으로 들어가는
좁은 문이었다.

강제송환금지의 원칙

난민들이 가장 두려워하는 것은 박해가 예상되는 곳으로 강제로 돌려보내질지 모른다는 사실이다. 그들이 강제로 송환되지 않고 체류국에서 일시 피난처를 찾을 수만 있다면 두려워할 이유도, 피난지에서 인권유린을 당할 까닭도 없다. 그러므로 어떠한 방법으로도 난민을 박해받을 수 있는 곳으로 돌려보낼 수 없다는 강제송환금지의 원칙은 난민보호의 가장 중요한 초석이다.

난민협약 제33조 1항은 "체약국은 난민을 어떠한 방법으로도 인종, 종교, 국적, 특정사회집단의 구성원 신분 또는 정치적 의견을 이유로 그 생명 또는 자유가 위협받을 우려가 있는 영역의 국경으로 추방하거나 송환해서는 안된다"고 규정하고 있다. 고문방지협약 제3조도 "(귀환자가) 고문을 당할 위험이 있다고 믿어지는 실질적인 근거가 있는 국가로 강제송환되어서는 안된다. 그러한 근거가 있는지를 결정하기 위하여, 권한이 있는 기관은, 적절한 경우, 관련국의 명백한 또는 대규모의 인권침해가 지속적으로 존재하는지를 포함한, 모든 관련사항을 고려해야 한다"고 밝혔다. 이 원칙은 국제관습법으로 널리 인정받기 때문에 국제협약에의 비준이나 가입에 관계없이 모든 국가에 구속력이 있다.

때문에 강제송환금지의 원칙은 어떤 나라가 그를 난민으로 인정하는지 여부와 관계없이 적용된다. 만일 체류국이 난민으로 인정하지 않은 사람을 본국으로 돌려보낼 수 있다면 대부분의 나라들은 난민인정보다 강제송환을 택할 것이다. 그렇게 된다면 강제송환금지 원칙은 아무 의미도 없게 된다. 돌아가면 박해를 당할 위험이 있는 사람은 국가가 난민으로 인정하지 않거나 인정하기 전이라도 난민이고, 국가의 난민인정 행위는 난민지위를 부여하는 것이 아니라 난민 여부를 확인·선언하는 행위일 뿐이므로(「난민지위 인정기준 및 절차 편람」 제28항), 박해의 우려가 있는 난민에 대한 강제송환은 난민인정 여부와 관계없이 국제법 위반이 되는 것이다.

강제송환금지 원칙은 난민보호의 출발이자 기본임에도 불구하고, 중국을 비롯한 여러 나라들은 이조차 회피하려는 시도를 그치지 않아 그 해석이나 적용범위와 관련하여 계속 어려운 문제가 발생하고 있다. 우선 이 원칙이 아직 국내에 입국하지 못한 난민에 대해서도 적용되는가를 둘러싸고 협약체결 당시부터 지금까지 논란이 이어지고 있다. 많은 국가들이 강제송환금지 원칙은 보호를 구하는 국가의 영역 안에 들어와 있는 난민에 대해서만 적용된다는 견해에 동조하고 있으며, 이러한 견해를 근거로 공해상에서 난민의 입국을 차단하여 되돌려보내거나, 난민신청 가능성이 있는 사람에 대해서는 비자발급을 거부하거나, 승객이 비행기에서 내려 입국심사대까지 이르는 공항

구역을 출입국사무나 난민인정과 관련해 자국 영토가 아닌 이른바 '인터내셔널 존'(international zone)이라고 선언하는 편법까지 동원하고 있다.

그러나 난민협약 제33조 1항은 일정한 정도의 체류나 합법적 거주를 요건으로 하는 난민협약상의 다른 권리나 이익과 달리, '어떤 방법으로든'(in any manner whatsoever) 박해당할 수 있는 곳으로 돌려보내는 것만큼은 금지하고 있으므로,* 비록 국가의 영역에 진입하지 못한 난민이라도 박해받을 가능성이 있는 곳으로 돌려보내는 결과를 초래하거나 차별적이고 악의적으로 입국을 거부하는 것은 협약에서 금하는 강제송환에 해당한다고 봐야 한다.

중국은 1982년 난민협약에 가입한 집행위원국이고, 고문방지협약에 서명하고 비준했음에도 탈북난민을 지속적으로 강제북송하고 있다. 물론 중국정부는 탈북자는 식량을 구하러 불법으로 국경을 넘은 경제적 이주민에 불과하며 북한으로 돌려보내도 별다른 처벌을 받지 않으므로 난민에 대한 강제송환이 아니라고 강변하고 있다. 그러나 강제북송된 탈북자들이 북한에서 가혹한 처벌을 받고 있으며 더러는 정치범수용소로 보내지고 있다는 사실은 수많은 탈북자들의 증언을 통해 거듭 알려졌거니와, 최근 국가인권위원회의 실태조사를 통해서도 다시 한

---

* Guy Goodwin-Gill & Jane McAdam, *The Refugee in International Law*, New York: Oxford University Press 2007(3rd. edition), 246면.

번 확인되었다.*

그러므로 탈북자가 식량을 구하러 온 경제적 이주민에 불과하다는 중국정부의 논리는 난민보호를 회피하기 위한 구실에 불과하다. 철저한 정보차단과 세뇌로 유지되는 독재체제에서는 동기가 어떻든 외부세계를 방문하고 외부의 현실에 눈떴다는 사실 자체가 체제에 대한 위협이 되기 때문에 북한은 식량을 구하러 탈북한 사람들마저 조국반역죄를 들어 정치범으로 처벌하고 있다.

또한 난민이란 과거 자국 탈출의 이유가 박해의 공포 때문인지 여부에 의해 결정되는 것이 아니라 현재 혹은 장래에 자국으로 돌아가지 못하는 이유가 박해의 공포 때문인지 여부에 의해 결정되며, 정치범도 박해당하는 사람이 정치행위를 했는지 여부가 아니라 박해하는 측에서 그를 정치범으로 간주하는지 여부에 따라 결정된다. 따라서 탈북자들이 식량을 얻으러 중국에 왔더라도 장차 돌아가서 정치범으로 처벌된다면 정치난민이 되는 것이다. 이것이 바로 식량을 얻으러 온 탈북자들을 강제북송하는 중국정부의 처분이 난민에 대한 강제송환금지 원칙 위반이 되는 이유다.

---

* 박홍순 외 『북한 정치범수용소 인권실태조사』, 국가인권위원회 2009, 180~207면.

국민인가 난민인가

국경에서 만난 많은 북한사람들은 약간의 식량과 돈을 얻어 은밀히 북한에 돌아가기도 했으나, 대부분은 돌아가지 못하고 탈북했다. 우리는 일단 옌지(延吉)에 방을 얻어 국경 부근을 다니면서 돌아가지 못하는 탈북자들을 데려왔다. 식구가 늘어 13명의 탈북자들과 함께 살게 되었다. 영양과 건강상태가 말이 아니었으므로 일단 그들에게는 휴식과 음식섭취가 필요했다. 몸을 추스르고 나니 이들의 앞길이 걱정되었다.

일단 소득이 있어야 했으므로 연줄을 따라 여기저기 식당이나 농장에 탈북자들을 소개해보았다. 그러나 불안한 신분 때문에 이들은 현지인들에게 착취만 당하다 결국 탈출해서 우리에게 돌아오고 말았다. 중국정부가 강제북송을 멈추지 않았기 때문에 탈북자들은 중국에서 난민으로 살 방법이 없었고, 결국 우리는 이들을 국민으로 보호할 방법을 찾아나섰다. 한국대사관에 찾아가 이들에 대한 국민보호를 요청해보았으나 돌아온 대답은 방법이 없다는 것뿐이었다.

우리 헌법 제3조에는 "대한민국의 영토는 한반도와 그 부속도서로 한다"는 영토조항을 두고 있으므로 헌법상 북한지역도 대한민국 영토에 속하고 그 주민도 대한민국 국민에 포함된다는 것이 대법원*과 학계의 지배적 견해다. 그러므로 탈북난민도 북한주민으로서 대한민국 국민의 지위를 갖게 된다. 그러나 실질적으로는 북한지역에 대한민국의 주권이 미치지 못하므로 북한주민이 북한에 머무르는 동안은 대한민국 국민으로 보호 받기 어렵다.

북한주민이 북한을 탈출해 제3국에서 대한민국의 보호를 요청한다면 이들에게 주권이 미치고 보호도 가능하므로 재외국민으로 보호해야 한다. 그리하여 북한이탈주민의 보호 및 정착 지원에 관한 법률 제7조는 대한민국의 보호를 받고자 하는 북한이탈주민은 재외공관에 보호를 신청할 수 있도록 하고 있다. 하지만 우리 정부는 중국정부의 반대에 부딪혀 보호신청한 탈북자들에 대한 대책을 찾지 못하고 탈북자 보호에서 손을 놓고 있었다.

정부가 하지 못하는 일이라면 우리가 길을 찾아야 했다. 중국에서 끝내 피난처를 구하지 못한 탈북난민들을 위해 우리는 중국을 탈출해 제3국으로 건너갈 방법을 찾아나섰다. 눈물겨운 여정이었다. 러시아, 카자흐스탄, 몽골, 버마, 고비사막, 히말라야산맥, 메콩강 등 중국의 여러 국경지역을 헤매고 다녔으나, 뚫고 나갈 구멍을 찾는 것은 쉽지 않았다. 어디에나 군인들이 깔려 있었고, 그 넓은 고비사막에도 1킬로미터마다 높다란 망대가 있어 개미새끼 하나 빠져나갈 틈이 보이지 않았다.

---

* 대법원 1996. 11. 12. 선고 96누1221 판결.

천신만고 끝에 베트남과 접경한 강을 건너 우리는 아이들과 임신부를 포함한 13명의 탈북난민들과 함께 중국을 탈출했다. 이 탈출은 생명을 건 모험이었고, 탈북자들이 평범한 시민들의 도움으로 중국 국경을 넘어 탈북에 성공한 첫번째 사례요 탈북난민 구출운동의 신호탄이 되었다.

중국과 베트남, 버마, 태국, 캄보디아, 라오스, 몽골 등 탈북자들의 탈출루트에 있는 나라들은 하나같이 탈북자의 난민지위를 부정한다. 따라서 이들을 난민으로 보호하지 않을 뿐 아니라, 이들의 대한민국 국민지위도 부정하여 한국으로 오는 길을 쉽사리 열어주지 않는다. 이들 나라는 오로지 탈북난민을 북한주민으로 인정하여 북한으로 강제송환하고자 한다.

이때 해결책은 두가지다. 어떻게 해서든 이들 나라에서 탈북자들이 난민지위를 얻어 살 수 있도록 하든지, 아니면 대한민국 국민으로서의 지위를 인정받아 한국으로 올 수 있도록 하는 것이다. 난민보호보다 국민보호가 더 완전하므로 탈북자들은 한국으로 오는 것을 희망한다. 때때로 한국보다는 유럽이나 미국, 캐나다, 호주, 뉴질랜드 등 선진국으로 탈출하여 그곳에서 난민으로 살기를 희망하는 탈북자들도 있다. 문제는 이들 나라가 탈북자들을 난민이 아닌 대한민국 국민으로 인정하고 대한민국으로 보내려 할 때 발생한다.

난민협약은 이중국적자나 다국적자의 경우 국적을 갖고 있는 모든 나라로부터 보호를 받지 못할 때만 협약상 난민이·된

다고 명시하고 있다(제1조 A-(2) 후문). 재중탈북자가 실질적으로
대한민국의 보호를 받지 못해 어렵게 제3국으로 탈출하여 난
민신청을 했을 경우라도 법률적으로는 대한민국 국적을 가졌
다고 보는 것이다. 때문에 그는 이중국적자로서 북한의 보호를
받을 수 없을지라도 대한민국의 보호는 받을 수 있다는 이유로
협약상 난민으로 인정되지 못할 가능성이 있다.

이러한 문제 때문에 미국 북한인권법(2004. 10. 18. 서명발효)
302조는 북한주민이 한국헌법에 따라 향유할 수 있는 대한민
국 국적취득권을 이유로 미국으로의 난민 또는 망명 신청자격
을 제한받지 않도록 했다. 단, 이 법은 북한주민이 한국헌법에
따라 누리는 한국의 국적권에 영향을 주거나 이미 이러한 권리
를 향유한 과거의 북한공민에게 적용하기 위한 것은 아니라는
조항을 두어, 대한민국에 입국해 이미 국적을 가진 탈북자가
다시 미국으로 입국해 난민신청하는 경우는 보호하지 않을 것
임을 명시했다. 그러나 최근 영국과 호주 등지에서는 난민신청
한 탈북자들이 대한민국 국적을 갖고 있고 대한민국의 보호를
받을 수 있다는 이유로 자국에서의 난민보호를 부정하려는 움
직임이 있다.

이에 대해 유엔난민기구 집행위원회는 "어떤 나라에서 비호
를 구할 것인지에 관한 비호신청자의 의사는 가능한 한 존중되
어야 한다. 단지 다른 나라에서 비호를 구할 수 있다는 이유만
으로 비호가 거부되어서는 안된다. 다만 비호를 신청한 사람이

다른 나라와 긴밀한 유대관계를 갖고 있는 것으로 보이는 경우로서 그 나라에서 비호를 구하도록 하는 것이 상당하고 합리적이라고 여겨지는 때에는 그렇게 요구할 수 있다"라고 밝혀 형식적인 국적취득 가능성보다는 실질적인 연관성에 주목할 것을 요구하고 있다. 난민지위 인정기준 및 절차에 관한 유엔난민기구 편람도 법률상 의미에서 국적을 소지하고 있다는 사실과 해당국가의 보호를 실제로 받을 수 있는지 여부는 구별해야한다고 말하면서, 형식적으로 부여된 국적이 통상적으로 자국민에게 부여되는 보호를 수반하지 않는 경우에는 실효성이 없는 것으로 볼 수 있다고 설명하고 있다(제107항).

따라서 제3국으로 간 탈북자에게 난민보호를 부정하고 대한민국의 보호를 받으라고 강요할 수 있는지, 재외탈북자에 대한 대한민국의 보호가 자국민에 대한 것과 같은 실효성이 있다고 볼 수 있는지는 의문이다. 대한민국의 보호를 받아 이미 한국에 들어온 탈북자는 이론적으로나 실제적으로 대한민국의 국민보호를 받은 것이다. 그러나 중국 등 강제북송의 우려가 있는 인접국에서 대한민국의 보호를 받지 못하거나 대한민국의 보호를 받을 의사가 없어 제3국으로 간 탈북자에 대해서는 실효성이 없는 대한민국의 국민보호를 이유로 난민보호를 부정할 것이 아니라, 난민으로 보호함으로써 탈북난민에 대한 보호를 두텁게 할 필요가 있다.

난민이 된 동포들

외국인노동자피난처 간사로 활동하던 1993년, 대부분의 외
국인노동자들이 출입국관리법상의 불법체류를 이유로 최소한
의 권리도 누리지 못하고 살아가는 모습을 보며 나는 뭔가 잘
못됐다고 생각했다. 외국인노동자는 우리 사회가 그들의 노동
력을 필요로 했기 때문에 생겨났고, 출입국관리법상 불법체류
자라 할지라도 노동을 하는 이상 노동자로서의 권리는 보장되
어야 마땅하다고 생각한 것이다.

당시 산업현장에서 불법체류 외국인노동자가 산재를 당할
경우 산재보상은커녕 벌금을 내고 강제출국을 당하는 상황이
었다. 우리 상담소의 김모세 소장은 여러차례 출입국관리소와

노동부에 그 부당성을 제소했지만 받아들여지지 않았다. 그리하여 외국인노동자피난처는 산업현장에서 재해를 당한 외국인 노동자 13명과 함께 산재보상을 요구하며 한 민간단체 강당에서 농성을 시작했다. 처음에는 우리의 요구에 무관심하던 정부도 언론이 대대적으로 보도하자 다각적인 방법으로 협상을 시도해왔다.

"언론에 알려질 대로 알려졌으니 이제 협상합시다."

"어떻게요?"

"열세명에 대한 보상금을 줄 테니 농성을 푸시죠."

"그럼 정식으로 산재보상금을 주는 건가요? 노동자로 인정해주는 건가요?"

"그만큼 보상은 해주겠소. 아니, 더 많이 줄 테니까 농성을 푸시죠."

"그럼 그저 돈만 준다는 겁니까? 우리는 돈을 받겠다고 농성하는 것이 아닙니다. 노동자로 인정하고 정식으로 보상을 해달라는 겁니다. 그래야 같은 처지에 있는 다른 사람들도 보호를 받지요!"

끝까지 타협하지 않자 정부는 우리를 지원하던 단체들을 압박했던 것 같다. 지원단체도 속이 탔던지 이렇게 말했다.

"타협하지 않고 계속 고집 피우려면 이곳에서 나가주십시오."

"네, 죄송합니다. 그럼 나가겠습니다."

"나가서 어떻게 하려고요?"

"천막 치고 계속 농성해야지요."

"나참……"

정부와 타협시키려는 지원단체에는 우리가 골칫거리였겠지만, 외국인산재자들은 고지식하게 타협하지 않는 우리를 진심으로 고맙게 생각했다. 김모세 소장은 밤마다 산재자들에게 그날의 상황을 설명하며 앞으로 어떻게 하고 싶은지를 물었다. 그 농성은 외국인노동자들이 주인공이며 그들의 의견이 가장 중요했기 때문이다.

"오늘 한국정부에서 돈만 받고 농성을 풀라고 하네요. 어떻게 생각하세요?"

"우리가 우리만 생각해서 데모하는 게 아니잖아요."

"미시타 김, 우리나라는 아직도 도둑질하거나 강간하면 손을 잘라. 내가 한국에서 일하다가 손을 잘렸어도 사람들은 내가 나쁜 짓 해서 잘렸다고 생각할 거야. 그것도 억울한데 한국정부에서도 인정받지 못하면 나는 억울해서 살 수가 없어. 보상 안 받아도 좋으니까 우리랑 끝까지 같이 있어줘."

그들의 호소에 김모세 소장은 당시 간사였던 김요한과 나에게 힘주어 말했다.

"명숙아 요한아, 만약 정부에서 끝까지 보상을 안해주면 우리가 막노동을 해서라도 저 사람들 보상금만큼은 만들어주자."

"그래, 내가 이래뵈도 중학교 때부터 공장 다닌 베테랑이야. 걱정 마."

80

나와 김요한 간사는 웃으며 동의했다.

1994년 1월말, 고지식한 활동가들과 더이상 물러설 곳 없는 외국인노동자들의 저항에 밀려 결국 정부는 손을 들고 말았다. 외국인노동자도 산재를 당하면 노동자의 권리인 산재보상을 받을 수 있도록 제도를 개선하겠다고 언론을 통해 공식적으로 천명한 것이다. 농성 27일 만이었다.

그런데 1995년 여름, 제도개선 이후 외국인 산재노동자의 보상신청 건수를 확인하던 우리는 그 저조한 수치에 적잖이 놀랐다. 원인이 무엇일까. 검토 끝에 우리는 제도가 개선되기 전에 본국으로 돌아간 사람들이 많기 때문이라는 사실을 알게 되었다. 우리는 다른 접근방법을 시도하기로 했다. 이미 귀향하여 한국을 원망하고 있을 사람들을 직접 찾아나서기로 한 것이다.

나는 필리핀을 담당했고, 김모세 소장과 새로 합류한 이호택 간사는 산재자가 많을 것으로 예상되는 중국을, 그리고 김요한 간사는 네팔과 방글라데시를 맡았다. 우리는 한국에서 보상도 못 받고 출국했을 산재자들을 찾아 간절한 마음으로 흩어졌다. 그리고 중국, 네팔, 방글라데시, 필리핀에서 200명에 가까운 산재자들을 찾아냈고, 산재자 자필의 보상금 신청서를 받아와 당당히 산재보상금을 탈 수 있도록 해주었다.

그런데 이때 이호택 간사가 일을 벌였다. 산재보상 접수를 받으러 갔는데, 이상한 사람들이 몰려오기 시작하더라는 것이다. 당시 한국에 외국인노동자로 입국시켜주겠다던 송출업자들에게 사기를 당한 중국동포들이 자신의 문제도 심각하다며 호소한 것이었다. 그 숫자가 많고 이 문제로 가족들이 자살한 사람까지 만나자, 법을 전공한 이호택 간사는 고소장 형식에 맞춰 52건의 사건을 접수해 돌아왔다. 하지만 외국인산재자를 도우러 간 외국인노동자피난처에서 중국동포 사기사건을 처리한다는 것은 맞지 않는 듯했고, 그것까지 신경쓸 여력이 없었기에 우리는 이호택 간사에게 그 문제는 일을 벌이지 말자고 설득했다.

"호택 형님, 사기피해자 문제는 안하셨으면 좋겠어요."

"내가 법을 전공한 사람으로 이런 일을 안하면 누가 해? 내가 보기엔 이 문제도 심각한 것 같아."

당시 나는 이호택 간사와 특별한(?) 감정이 있었기 때문에 그의 고집스러움이 더욱 민망했다. 그래서 더 반대했고 자꾸 일이 꼬리를 무는 것 같아 불편하고 싫었다.이호택 간사는 묵묵히 웃으며 우리를 달랬다.

몇달 후, 이호택 간사가 대리인으로 고소했던 52건의 고소사건이 대부분 해결되었다. 우리와 마찬가지로 별 기대를 하지 않았던 조선족사회도 무척 기뻐했으며 피난처의 2차 중국방문을 지속적으로 요구했다. 1996년 겨울, 2차로 김모세 소장과 이호택 간사가 '중국동포 사기피해사건'을 접수하기 위해 중국으로 출국했다.

이때 이호택 간사는 중국 각 지역에서 몰려온 조선족들로부

터 1만여건의 사기피해사건을 접수하게 되었다. 그런데 몇명
의 중국동포들이 이호택, 김모세 소장에게 접근해 자신들이 돕
기에 버거운 북한친척들을 도와달라고 사정했다. 당시 사기피
해자 접수는 이호택 간사가 전담했고, 김모세 소장은 중국동포
의 소개로 식량난 때문에 탈북한 사람들을 만나기 시작했는데
스스로도 믿기 힘든 광경을 목격하게 되었다. 그는 북한의 식
량난이 전국에 걸친 심각한 생존위험이라는 것을 알게 되었고,
이를 낱낱이 기록해 귀국했다.

높은 난민, 낮은 난민

1997년 봄, 우리는 심각한 토론을 벌였다. 김모세 소장이 중
국에서 만난 탈북자들의 실상을 정리한 자료와 사진들을 어떻
게 사회에 알릴 것인지가 우리의 쟁점이었다.

"북한사람들은 지금 전쟁상황도 아닌데 전쟁보다 더한 일들
을 겪고 있어."

"우리가 돕던 외국인노동자들은 한국에서 불법체류했다고
범죄자로 쫓겨나도 본국에 돌아가면 경제적인 부를 누리는데,
북한사람들은 쌀 얻으러 왔다 북송되면 민족반역자로 몰려 정
치범수용소에 가게 되니……"

"그래서 말인데 우리가 정리한 자료를 A신문사로 보내보자."

"그래, 우리 활동에 대한 신뢰도 있으니 그 신문사는 기사화해줄 거야."

김모세 소장은 정리한 자료를 들고 A신문사로 갔다. 아침에 나간 사람이 저녁 늦게야 돌아왔다.

"왜 이렇게 늦었어? 언제 기사화해준대?"

김모세 소장은 한동안 말이 없었다.

"A신문사에 갔더니 자신들은 이런 내용을 기사화할 수 없대."

"왜?"

"북한 식량난과 탈북자에 대한 기사를 쓰면 북한정권을 자극하는 것이 된다고……"

"뭐? 그래서?"

"그나마 우리와의 관계를 생각해서 해주는 말이라는데…… 아무튼 이런 내용은 B신문사에 가면 기사화해줄 거라는 거야. 그래서 B신문사에 갔어."

"거기서는 써준대?"

"아니, 거기도 못 써준대."

"거긴 또 왜?"

"식량난으로 인민들이 탈북하고 있다고 하면 북한에 대한 동정적 여론이 조성될 수 있기 때문에 써줄 수가 없대."

"세상에, 저렇게 많은 사람들이 죽어가는데…… 그래서 그냥 온 거야?"

"아니, 도저히 안되겠다 싶어서 다시 A신문사로 가서 편집장

책상 위에 자료를 올려놓고 왔어. 읽어나 보라고."

"그래, 기다려보자."

우리는 저녁 내내 한마디도 할 수 없었다. 다음날도 마찬가지였다. 아무 연락 없이 하루가 지나고, 이틀째 되는 날이었다. 그날도 연락 없이 하루가 지나가나 했는데 저녁녘이 되자 전화벨이 울렸다. A신문사의 편집장이었다. 기획기사로 쓰되 본지 기자를 5월에 중국으로 파견할 테니 현장에서 도와달라는 이야기였다. 우리는 너무 감격했고 감사했다. 김모세 소장과 김요한 간사는 4월초에 중국으로 먼저 떠났고, 나와 이호택 간사는 26일에 있을 결혼식 때문에 늦게 출발할 수밖에 없었다.

중국에서 내가 본 광경들을 어떻게 말로 표현할 수 있을까. 전에 외국인노동자를 도우면서 보았던 것과는 비교조차 안되는 상황이었다. 외국인노동자들의 인권침해는 이슈화해서 싸우면 보상이 되든지 시정이 되든지, 아니면 법률적인 제재를 가할 수 있었다. 그러나 탈북자들의 상황은 그런 수준이 아니었다. 표현할 수도 없이 비참했으나 법에 호소할 수도, 보상을 요구할 수도 없었다.

북한에서 불법으로 월경한 사람들은 '사회주의 지상낙원의 대반역자'로 몰린다. 대반역자로 규정된 이들이 갈 곳은 한군데뿐이다. 정치범수용소. 그렇게 정치적 박해가 시작되는 것이다. 북한과 국경을 접한 중국은 북한과의 국경협약 때문에 불법월경한 북한주민에 대해 본국으로 송환하는 정책을 쓰고 있었다. 때문에 식량을 얻기 위해 중국으로 탈출한 북한주민들은 붙잡히지 않으려고 죽도록 애를 썼고, 송환의 공포에 떠는 탈북자의 형편을 잘 아는 일부 중국인들은 그야말로 마음대로 인권을 유린하고 있었다.

5월에 취재차 중국에 온 A신문의 기자는 "정신대 문제보다 더 심각하다"며 자신이 보고 느낀 상황을 정리해 한국으로 돌아갔다. 대표적 진보성향의 A신문사가 게재한 북한의 굶주림과 탈북자에 대한 기사는 큰 반향을 일으키기 시작했다. '아! 굶주리는 북녘' 씨리즈는 연재식으로 확대되었다.

급하게 중국으로 전화를 해온 A신문사의 편집장은 우리에게 활동일지를 보내달라고 제안했고, 그 내용은 거의 매일 신문에 연재되었다. A신문에서는 독자들의 호응을 얻어 '북녘 쌀보내기 운동'을 대대적으로 펼쳤는데, 이 운동은 그때까지 정부의 독점이던 쌀 지원사업이 민간운동으로 확산되는 계기가 되었다.

그러나 당시 우리에게는 취재원인 탈북자들의 관리가 가장 큰 문제였다. 만약 공안(중국경찰)에 체포되어 북송되면 그 기사 때문에 죽을 게 뻔하다며 그들은 공포에 떨었다. 아래층에서 시끄럽다며 항의차 숙소의 문을 두드린 적이 있었는데, 그들은 공안이 들이닥친 것으로 오해해 독약까지 마시려 했다. 아지트에 종일 갇혀 있으면서 문밖의 발소리에도 공안이 아닌가 신경 써야 했기 때문에 우리는 늘 초긴장상태였다.

장기적으로도 희망이 보이질 않았다. 성인들은 정상적으로 취업할 수 없었고, 아이들은 학교에 다닐 수 없었다. 배가 고파서 중국에 왔지만 밥만 먹고 살 수는 없었다. 우리는 토론 끝에 중국에 있는 한국대사관에 연락해 북한난민들이 있으니 도와 달라고 요청하기로 했다. 김모세 소장이 대사관에 전화를 하고 돌아왔다.

"뭐래?"

"한국대사관에서는 몇달 전에 황장엽씨가 망명했기 때문에 중국에서 또다시 북한사람을 남한에 보내는 것은 불가능하대."

"높은 난민은 되고, 낮은 난민은 안된다는 거야?"

"중국이 어렵게 하나봐. 정부의 입장이 그렇다는 거지."

"그래서? 그냥 죽으래?"

"나도 따졌지. 그랬더니 중국이 아닌 다른 나라를 통해 오면 받아주겠대."

"아니, 여권도 없고, 비자도 없는 사람들이 어떻게 다른 나라로 가? 저 여덟살, 열살 어린애들, 임신부, 병든 아줌마들을 데리고 국경을 넘으라고? 죽으라는 거 아냐?"

"중국에서 출국시키지 않으면 한국정부에서는 어쩔 수 없잖아. 중국정부는 눈도 깜짝하지 않을 거야. 천안문사태 봐라. 차라리 국경을 넘자. 우리가 도우면 할 수 있어."

이렇게 북한형제들에 대한 책임감을 느끼던 우리는 결국 점점 다가오는 생명의 위협을 견디다 못해 97년 10월 20일 무모한 계획을 세워 국경을 넘기로 했다.

갈 곳 없는 난민들을
어디로 보낸단 말인가.
무슨 수를 써서라도 막아야 했다.
우리가 그들을 지켜야 했다.

핑퐁난민사건

남편인 이호택 간사와 김모세 소장, 활동가 김요한과 나는 당시 우리 앞에 전개될 상황을 전혀 알지 못한 채 탈북자들을 이끌고 중국 국경을 넘어 베트남으로 갔다. 솔직히 말하면 "목숨 걸고 국경을 넘는다"는 말의 정확한 의미를 몰랐기 때문에 '무식하고 용감하게' 일을 감행할 수 있었던 것 같다. 중국 쪽에선 남편과 김요한이 13명의 탈북자들을 국경까지 이끌고 나왔고, 나와 김모세 소장은 베트남 쪽에서 그들을 맞았다. 당시 내게 주어진 임무는 김모세 소장이 탈북자들을 베트남 쪽으로 인도하는 동안 베트남 국경수비대를 교란하는 일이었다.

딴에는 미인계(?)를 쓴다고 짧은 치마를 입고 짙은 화장에 썬글라스까지 끼고 군인들을 향해 손을 흔들다 숲속으로 뛰기 시작했다. 어둠 속에서 겁을 잔뜩 먹은 채 낯선 베트남 국경을 뛰고 있자니 계속 미끄러지는 절벽을 뛰어올라가는 어린시절의 악몽이 떠올랐다. 채 5분도 되지 않아 베트남 군인들에 둘러싸였는데, 나는 태어나서 처음으로 내 심장과 간이 발밑으로 철렁하고 떨어지는 소리를 들었다. 갑자기 입안의 침이 말라 혀도 움직이지 않았다. 그렇게 끌려가 국경의 민가에서 1차 심문을 받았다.

그사이 탈북자들과 김모세 소장은 국경을 넘은 직후 곧바로 베트남 군인에게 잡혀갔다. 나 역시 취조를 위해 큰 부대로 압송되었다. 밤새 신문을 당했는데, 너무 떨리고 겁이 나니 이상하게 얼굴에 웃음이 떠나지 않았다. 때마침 탈북자들이 국경을 넘으면 먹이려고 우리가 농가에 준비시켰던 저녁식사가 내 앞에 차려졌고 나는 무의식적으로 먹기 시작했다. 한참 후 심문하던 군인들은 눈이 휘둥그레져서 10인분이 넘는 저녁식사를 혼자 먹어치운 나를 보며 킥킥거리거나 어이없다는 듯 쳐다봤다.

너무 겁이 나 계속 웃고 있던 내 모습이 오히려 태연하게 보였는지, 평소 화장을 하지 않던 나의 서툴고 진한 화장 때문인지, 아니면 무의식적으로 혼자 10인분의 저녁식사를 다 먹어치웠기 때문인지, 새벽녘에 군인들은 우리를 "한국의 철없고 정신까지 이상한 여행객"이라며 풀어주었다.

지금 같으면 그렇게 풀려나기는 불가능하겠지만 당시만 해도 국경을 넘는 탈북자들이 없었고, 특히 천진하게 '쎄쎄쎄'를 하며 노는 여덟살, 열살 어린아이까지 있으니 베트남 군인들도 어리둥절했던 것 같다. 우리가 국경을 넘은 탈북자라고는 전혀 상상하지 못한 것이다. 그렇게 새벽녘에 풀려난 우리는 쉴새없이 달려 안전지대로 도망쳤고 베트남 주재 한국대사관에 탈북자들을 들여보냈다.

그들을 무사히 베트남 한국대사관으로 진입시킨 뒤 우리는 한국으로 돌아왔고 그들이 한국으로 오기만을 기다렸다. 그러나 97년 11월 베트남 외무성은 탈북자들을 심문하겠다며 협조를 요청했고, 한국대사관은 그들을 외무성에 보냈다. 그리고 베트남 외무성은 그들을 베트남에 입국한 지점으로 다시 데려가 쫓아버렸다.

베트남 국경에서 쫓겨오는 탈북자들을 보고 중국의 국경수비대는 당황했다. 간단히 조사를 마친 중국의 국경수비대는 다시 총을 겨누며 그들을 베트남 쪽으로 돌려보냈다. 중국과 베트남을 네다섯번 오가는 동안 그들은 생명의 위협을 느꼈고, 기적적으로 지뢰밭 사이를 뚫고 민가까지 탈출한 일행 중 하나가 우리에게 전화를 했다.

97년 12월 우리는 기자회견을 열어 사건의 전말을 한국사회에 알렸고, 그들의 구출을 위한 한국정부의 외교적 노력을 호소했다. 당시 한국사회에서는 그들을 가엾게 여기는 여론이 일었고, 그 사건을 '평퐁난민사건'으로 명명했다. 중국과 베트남이 가엾은 탈북난민들을 마치 탁구공 치듯 돌려보냈기 때문이다.

그러나 정부는 관심이 고조된 여론을 의식해 전원 입국시키겠다고 말만 했지, 실제적으로는 별 노력을 하지 않았다. 한국정부에 열심히 탄원해봤지만 소용이 없었다. 마냥 기다릴 수만은 없는 노릇이었다. 때마침 평퐁난민 중 하나가 중국의 친척들에게 연락을 해왔고, 우리는 그들을 데려올 방법을 모색했다.

"우리가 가서 찾자. 정부에서 하려고 하지 않으니까, 우리가 데려오자."

"어떻게 데려오지?"

"중국동포들이 쓰는 방법 있잖아."

"여권 위조?"

"그래, 중국은 안되는 것이 없는 나라잖아. 그 사람들은 이제 얼굴까지 공개되었으니 중국에서 잡히면 큰일이야. 살리려면 어쩔 수 없어."

"그래도 그건 불법이잖아."

"명숙아, 그들이 자기 여권으로 국경을 넘을 수가 있니? 그리고 여권을 만들 수나 있어? 한국정부에서는 본의든 아니든 중국정부 때문에 그들을 방치하는데, 위조여권으로라도 사람을 살리는 게 옳겠니, 아니면 법을 지키면서 그들을 죽이는 게 옳겠니?"

결국 우리는 중국동포들을 통해 여권을 위조했고, 펑퐁난민들은 중국에 체류할 것을 희망한 2명을 제외하고는 모두 무사히 한국으로 들어오게 되었다.

중국에서의 활동을 접고 귀국한 나는 이제 외국인노동자나 탈북자를 돕는 일에서 해방되고 싶었다. 북한의 현실을 목도한 이후 한국의 외국인노동자는 큰 문제로 느껴지지도 않았고, 탈북자들을 도우러 중국으로 돌아갈 수도 없으니 자연스럽게 모든 상황에서 멀어지게 되었다. 그러면서 원래 꿈이었던 교사가 되려고 했다. 그런데 자꾸 탈북청소년들이 생각나는 것이 아닌가.

고민 끝에 나는 남한에서 탈북청소년들을 위한 대안학교를 운영하며 통일을 준비하기로 꿈을 다시 세웠다. 구체적으로 꿈을 실현하기 위해 대안교육의 경험이 필요했고, 그래서 당시 우리를 지원해주시던 김진홍 목사님께서 화성 두레마을 안에 설립한 대안학교인 '두레자연고등학교'의 한문 및 특성화 과목을 가르치는 교사로 부임했다. 남편인 이호택 간사는 1999년 6월 난민지원단체인 '피난처'를 설립해 한국에 있는 외국인 난민들과 중국 등 해외에서 난민의 삶을 살고 있는 탈북자들을 돕기 시작했다.

4장
피난처를
세우다

희망으로 시작한 첫걸음

중국에서 탈북난민들을 구출하는 힘겨운 싸움을 하다 돌아
와 6개월가량 지친 몸을 추스르고 나니, 다시 도움이 필요한 사
람들에게 나의 삶을 바쳐야 한다는 생각에 견딜 수 없었다. 그
동안 함께 활동하던 '외국인노동자피난처'는 귀향한 외국인노
동자의 산재보상금 및 체불임금 찾아주기 운동과 중국조선족
사기피해사건을 다룰 때까지만 해도 그 활동이 단체 이름과 취
지에 어느정도 부합했으나 탈북난민 구출활동에 이르러서는
외국인노동자라는 간판이 어울리지 않게 되었고, 또 그사이에
많은 외국인노동자 지원단체들이 생겨났기 때문에 발전적 해
체를 고려하게 되었다.

1998년 여름 외국인노동자피난처가 해산을 결정했을 때, 나는 '피난처'라는 이름에 마음이 끌려 함께 활동했던 사람들의 동의를 얻어 '피난처'라는 이름을 계속 사용하기로 했다. 그리고 천리안, 하이텔 등의 PC통신에서 피난처라는 ID로 활동을 시작했다. 때마침 한국사회에는 인터넷이 활성화되면서 홈페이지 바람이 불고 있었다. 자원활동가들을 모집해 어려움을 당한 난민들에게 피난처를 제공하고자 나도 1999년 6월 14일 '피난처'라는 이름으로 어설픈 자작 홈페이지를 열었다.

맨 처음 피난처의 문을 두드린 사람은 이라크 출신의 쿠르드(Kurd)난민들이었다. 서슬 퍼런 싸담 후쎄인(Saddam Hussein)의 쿠르드인 말살작전을 피해 한국으로 도피한 쿠르드난민 세 사람은 난민신청을 했으나 인정이 거부되어 강제출국의 두려움에 떨다가 피난처 홈페이지를 발견하고는 구조요청 메일을 보냈다.

쿠르드족은 터키, 이란, 이라크, 시리아, 아르메니아에 걸친 쿠르디스탄(Kurdistan) 지역에 거주하는, 인구 3천만의 세계 최대의 나라 없는 민족이다. 4천년의 역사 동안 고유의 언어와 문화를 유지하며 강한 민족적 주체성을 키워왔음에도 불구하고 독립국가를 세우지 못하고 타민족의 지배를 받으며 유랑하는 중동의 집시…… 3명의 쿠르드인들을 만나는 순간 3천만 쿠르드민족이 내게로 달려왔다. 한국에도 이미 1천명가량의 쿠르드인들이 들어와 있었고 '쿠르드인의 친구들'이라는 작은 기독교인 모임도 있었으나, 나는 그제서야 그들의 존재를 알게 되었다.

언제나 주변 강대국에 이용당하고 버림받아 나라조차 갖지 못한 그들에게는 '쿠르드인에게는 산 외에 친구가 없다'는 자조 섞인 속담이 있다. 그러나 '길이 없는 곳에 피난처가 있으며, 길이 없으면 길을 내라'는 활동정신으로 피난처를 시작한 나는 쿠르드인의 친구, 쿠르드인의 피난처가 되고 싶었다. 그즈음 인터넷을 통해 선한 의지를 가진 자원활동가들이 피난처에 속속 모여들기 시작했고, 제법 단체의 모습을 갖추게 되었다.

피난처는 2002년 3월 이라크 내 쿠르드인의 인권상황에 관한 자료와 함께 난민인정이 거부된 쿠르드인 3명에 대해 인도적 지위를 부여해달라는 청원서를 법무부에 제출했다. 법무부는 입증이 부족해 청원을 받아들일 수 없지만, 귀국시 체포·구금될 가능성을 뒷받침할 수 있는 추가자료를 제출할 경우 일시 체류허가 여부를 재검토할 수 있다고 회신해왔다.

약 두달간의 추가자료 수집활동 기간 동안 피난처는 쿠르드 인권감시(Kurdish Human Rights Watch)로부터 징집거부자와 난민신청자에 대해 이라크정권이 손발이나 혀, 귀를 자르거나 사형에 처할 것을 규정한 포고령을 담은 자료를 입수했고, 쿠르드미디어(Kurdish Media) 웹싸이트에서 난민신청자들을 최고 사형에 처하는 이라크의 인권침해 실태를 소개하는 논문을 찾아냈다.

2002년 5월 이러한 자료와 함께 제2차 청원서를 제출한 결과, 마침내 같은 해 6월 법무부로부터 인도적 고려에 의한 일시

난민에게 필요한 것은
무조건적인 도움이 아니라,
그저 잠시 쉴 수 있는 피난처다.
나는 그들의 피난처가 되기로 결심했다.

체류허가를 얻게 되었다. 체념에 빠져 있던 쿠르드인들이 얻은 희망이요, 이제 막 걸음마를 시작한 피난처 난민활동이 이룬 첫 성과였다.

민주화의 희망을 찾아온 버마난민

한국사회에서 최초로 난민문제를 이슈화했고 지금도 가장 많은 난민인정을 받고 있는 나라는 미얀마라고 불리는 버마다. 버마에서 민주화운동에 참여했던 한국 체류 버마인들은 1997년 '버마민주화모임'을 결성했다. 그들은 아웅 산 수 치가 이끄는 NLD 본부로부터 오는 뉴스레터를 정기적으로 받아보거나 버마 내 정치범들의 가족에게 월급을 모아 보내주는 등의 활동을 전개하면서 조직적인 버마 민주화운동 방안을 논의하다가, 99년 2월 2일 NLD 한국지부를 창립했다. NLD 한국지부는 같은 해 5월 2일 NLD자유지역(NLD-LA) 본부로부터 한국지부로 승인받아 버마 민주화를 위한 정치활동을 시작했다. 2000년 3월 버마 출신 샤린이 불법체류자로 단속되어 추방위기에 몰리자 NLD 한국지부원 20명은 같은 해 5월 집단적으로 난민신청을 했다.

버마의 민주화운동은 우리 역사와 닮았다. 이것이 버마 민주화운동가들이 한국을 사랑하고 한국에서 희망을 찾는 이유다. 버마는 1885년 영국의 식민지가 되었다. 1920년대에 민족주의

운동이 고조되었고, 아웅 산(Aung San)과 우 누(U Nu) 등의 지도
자들이 반파시스트인민자유연맹(AFPFL)을 결성하여 2차대전중
버마를 점령한 일본군을 무찌르고 영국과의 교섭 끝에 1948년
1월 4일 버마연방을 탄생시키면서 독립국가가 되었다.

그러나 버마족 중심의 새 정부에 대해 까렌족·샨(Shan)족 등
소수민족이 반발하며 제각기 독립·자결을 요구하고, 공산주의
자들이 신정권 주류파의 친서방적 노선에 반대함으로써 버마
는 결국 내전에 빠졌다. 버마가 내전의 소용돌이에 빠져 있는
동안 네 윈(Ne Win) 총사령관이 이끄는 버마 정부군은 점차 그
지배력을 확대해갔다. 1960년 총선에서 정권을 잡은 우 누는
군대의 정보수집 활동과 군부의 경제개입을 제한함으로써 군
부권력을 통제하고자 했으나, 이러한 정책이 도리어 군부의 반
감을 사 결국 1962년 3월 2일 네 윈 장군이 이끄는 버마군이 쿠
데타를 일으켰다. 네 윈은 의회정치를 해산하고 우 누 수상 등
많은 정치인을 체포함으로써, 혁명평의회에 권력이 집중된 군
정을 실시했다. 네 윈 군사정권은 '버마족 중심의 국민통합과
버마식 사회주의경제 건설'이라는 명분으로, 비(非)버마족 자본
을 국유화하고 사회주의계획당(BSPP) 이외의 모든 정당을 불법
화한 1당 독재체제를 구축했다.

이러한 버마족 중심의 민족주의정책은 소수종족의 무장투쟁
을 확대시켰고, 버마식 사회주의정책이 실패함에 따라 1970년
대부터 반정부시위가 확산되기 시작했다. 학생들은 반정부 무

장투쟁을 선언하고 산속에서 투쟁을 전개하기에 이르렀다. '아시아의 쌀창고'라 불리던 버마가 세계에서 가장 낙후된 국가 중 하나로 전락하면서 급기야 국민들의 분노는 1988년 버마민주화 국민항쟁으로 폭발되었다.

1988년 8월 8일, 10만명 이상의 시민, 학생, 승려 들이 반정부시위를 벌였고, 특히 영국에서 귀국한, 국부 아웅 산 장군의 딸 아웅 산 수 치 여사가 군대의 총부리 앞에서 시민들에게 연설을 감행함으로써 일약 국민적 영웅으로 등장했다. 그러자 같은 해 9월 18일 서 마웅(Saw Maung) 장군을 위시한 신군부는 무정부상태를 구실로 군사쿠데타를 감행했다. 신군부는 '국가법질서회복위원회'(SLORC, 이하 회복위원회)를 구성하여 전권을 장악한 후 대대적으로 국민항쟁을 강경진압했다. '8888민중항쟁'으로 최소 2천명에서 최대 2만명의 희생자가 발생했는데도 아직까지 제대로 된 진상과 사망자수조차 파악되지 않고 있다.

신군부의 독재에 맞서 88년 9월 27일 수 치 여사의 지도하에 민주화활동가들은 반정부통일전선을 결성하여 민주정부 수립을 목표로 'NLD'를 설립했다. 이들이 국민의 지지를 얻어가자 8888민중항쟁을 강경진압하면서 정통성없이 등장한 신군부 회복위원회는 실추된 대외이미지를 쇄신하고 국민적 저항을 잠재우는 동시에 정통성을 획득하기 위해 1989년 국명을 버마에서 미얀마로 고치고, 1990년 5월 27일 다당제 총선을 실시했다. 그러나 회복위원회의 기대와는 반대로, 100개가 넘는 정당들

중에서 아웅 산 수 치 여사가 이끄는 NLD가 59.9%를 득표하여 국회 의석의 80.8%를 차지했다. 선거 후 군대를 부대로 복귀시키고 선출된 정부에 권력을 이양하겠다던 신군부는 약속을 어기고, 1990년 7월 27일 공식적으로 정권이양을 거부한 이래 현재까지 군사독재를 계속하고 있다.

군사정부의 인권탄압으로 국내에서의 정치활동이 어려워진 민주화운동 세력들은 해외에 망명정부와 민주화기지를 건설했고, 수많은 국민들이 해외 또는 국경지대에서 난민이 되었다. 1990년 총선에서 당선된 국회의원들은 미국 워싱턴에서 버마연방국민연합정부(National Coalition Government of the Union of Burma, NCGUB)라는 망명정부를 수립했으며, 학생운동단체인 전버마학생민주전선(ABSDF)은 버마와 태국의 국경지대에서 활동하고 있다. 또한 NLD는 태국에 NLD자유지역 본부를 설립하고, 현재 호주, 뉴질랜드, 미국, 일본, 한국, 영국에 지부 및 연락사무소를 개설하고 있다.

한국으로 피난한 버마 민주화운동가들은 사실 한국에 오래 머물 의향이 없었다. 버마가 민주화되면 곧 돌아갈 생각으로 난민신청도 하지 않았다. 그러나 민주화의 꿈이 지체되고 체류도 불안해지면서 2000년에 집단으로 난민신청을 할 수밖에 없었다. 당시 한국에서는 난민인정을 받은 사람이 한명도 없었고, 심사기간도 2~3년을 넘는 것이 보통이었기 때문에 버마 난민신청자들은 난민인정 여부가 불투명한 상황에서 불안한 생활을 지속해야 했다. 하지만 이들은 생계보다 조국의 민주화를 우선시하며, 월급의 절반 이상을 민주화운동에 썼다.

당시 한국 난민연구의 개척자 가운데 한명인 박찬운 변호사를 중심으로 '민주사회를 위한 변호사 모임'이 버마난민들의 난민신청을 돕고 있었다. 난민심사를 담당하는 법무부에서는 버마난민들에게 버마에서 했던 민주화운동 경력에 대한 증명을 요구했는데, 대부분은 증명에 어려움을 겪고 있었다. 버마를 탈출할 때 신분을 숨겨야 했으므로 그 어떤 증명서도 가져오기 어려운데다, 이제 와서 당시의 증명자료를 모으는 것도 쉬운 일이 아니었다.

사실 난민은 박해의 위험 때문에 자신의 나라로 돌아갈 수 없는 사람들이므로 그들에게 중요한 것은 과거의 박해경력이 아니라, 앞으로 당할 수 있는 박해의 가능성이다. 물론 과거에 본국에서 박해를 당한 경험이 있다면 돌아가서 다시 박해당할 가능성이 크겠지만, 그런 경험이 없다 해도 다른 나라에서 반체제운동에 가담하는 등 새로운 박해사유가 생겨날 수 있다.

한국의 버마난민들은 일주일이 멀다 하고 버마대사관 앞이나 국회 등의 공공장소에서 항의시위와 캠페인을 전개했고, 이런 모든 활동들은 한국의 버마대사관에 의해 감시되고 있다. 따라서 버마난민들은 그들의 과거 민주화경력은 차치하고 한국에서의 활동경력만으로도 박해당할 가능성이 충분했다. 피난처는 버마난민들의 난민인정을 돕기 위해 한국에서의 민주화운동에 관한 자료들을 모아 2002년 1월 'NLD 한국지부의 정치활동과 난민인정 근거'라는 자료집을 만들어 법무부에 제출했다.

그 결과 2003년에 12명의 난민인정자가 나왔고, NLD 한국지부 회장, 부회장, 총무 세 사람을 포함해 버마난민들이 한국에서 난민으로 인정되기 시작했다. 현재 한국에서 난민으로 인정받은 사람들 중 절반 이상은 버마인들로, 버마난민은 한국의 난민을 대표하는 난민그룹이 되었다.

그들은 한국의 민주화를 배우기 위해 한국을 피난지로 선택했다고 한다. 시간이 지나면서 한국의 민주화는 배웠지만, 아직 조국의 민주화는 이루지 못한 외로운 망명객들. 조국이 민주화되면 곧바로 돌아갈 것이라며 한국말도 배우지 않던 그들이 어느새 유창한 한국말로 버마 민주화에 대한 한국인의 관심을 호소하고 있다. 과거 우리가 난민이 되었을 때 우리를 따뜻하게 맞이하고 한국의 민주화를 위해 함께 싸워주었던 세계시민들의 동참을 상기시키며, 그들은 오늘도 '우리의 민주화를 위해 당신의 자유를 나누어주십시오'라고 말한다.

순박한 줌머난민을 만나다

버마난민에 이어 우리가 만난 그룹은 줌머난민이었다. 줌머

난민은 방글라데시 동남부 치타공힐트랙(Chittagong Hill Tracts, CHT)이라는 산골에서 온 소수민족인데, 2002년 4월 14일 한국에서 한국줌머인네트워크(Jumma People's Network Korea, JPNK)라는 자치단체를 만들고, 같은 해 10월 17일 13명이 집단적으로 난민인정을 신청했다. 피난처는 2002년 12월 22일 '난민과 함께한 연대의 밤' 행사에서 이들을 처음 만났다.

도무지 정치활동과는 어울리지 않아 보이는 이 시골아저씨, 아줌마 들은 아니나 다를까, 한국정부로부터 난민신청과 정치활동에 대한 진정성을 의심받고 있었다. 한국정부는 이들의 난민신청을 강제추방을 모면하기 위한 것으로 보았고, 단체결성과 정치활동도 버마난민의 난민신청에서 힌트를 얻은 모방이라 여겼다.

피난처는 줌머난민의 인권상황과 난민신청 배경을 탐구하기 시작했다. 처음으로 발견한 자료는 덴마크에 기반을 둔 국제토착인문제연구회(International Work Group for Indigenous Affairs, IWGIA)와 네덜란드에 기반을 둔 CHT국제위원회(The Chittagong Hill Tracts Commission)가 CHT 인권상황을 방문조사한 보고서 'Life is not Ours'였다. 토착 줌머인들이 방글라데시 이주민들로부터 토지와 삶을 빼앗긴 기록들을 살펴보면서 줌머인의 심각한 상황을 조금씩 알게 되었다.

우리가 즉각 할 수 있는 것은 이 보고서를 번역하는 것이었다. 2004년 1월 '줌머인의 빼앗긴 삶'으로 번역된 보고서를 법무부에 제출하자 반응이 왔다. 전원 난민인정 기각으로 기울던 판세가 호전되어 결정이 유보되었다. 친절하게도 CHT 인권상황과 관련된 추가자료가 있으면 제출하라는 법무부의 공문이 왔다. 기회였다. 우리는 CHT를 방문해서 인권상황을 직접 체험하고 보고서를 제출할 계획을 세웠다. 방문절차부터 쉽지 않아 보였다. 방글라데시 비자신청은 물론, CHT 각 방문지역 경찰서에 사전 방문신고도 해야 했다. 우리는 때마침 열리는 줌머인의 보이사비(Boi-Sa-Bi) 축제 참가를 명분으로 삼았다.

CHT는 버마와 인도 동북부의 미조람(Mizoram)주 및 트리퓨라(Tripura)주에 접경한 산간지대다. 인구는 약 60만에 이르며, 12개의 종족이 살고 있다. 방글라데시의 약 10%에 해당하는 이 산간지역은 비옥하고 다모작이 가능한 다른 충적토 평야지대와는 달리, 거의 모든 땅의 토질이 척박하여 경작지가 별로 없다. 따라서 계곡에서는 경작농업을 하고 언덕지역에서는 '줌'(Jum)이라 불리는 화전농업을 하는데, 그래서 이들을 '줌머'(Jumma)라 칭하게 되었다.

방글라데시 주류민족인 무슬림 벵갈인들과는 현저히 다른 언어, 문화, 종교를 가지고 있는 줌머인들은 정치적 독립과 방글라데시 내에서의 일정한 자치권을 희망했다. 그들은 이를 위해 1972년 파키스탄에서 독립하려는 방글라데시 독립전쟁에 가담하여 함께 싸웠으나, 방글라데시는 독립 후 줌머인의 자치를 인정하지 않았다. 줌머인은 그들의 자치를 스스로 쟁취하기 위해 1972년에 CHT민족연합당(Parbattya Chattogram Jana Samhati Samiti, PCJSS)을 결성했고, 76년부터는 PCJSS의 무장투쟁조직인 샨띠(Shanti)군이 방글라데시군에 대항하는 게릴라전을 펴기 시작했다.

　1979년과 84년 사이에는 방글라데시 정부의 비밀이주정책에 의해 약 40만명의 방글라데시 이주자들이 CHT지역에 자리를 잡았다. 당시는 이미 CHT에 건설된 캅타이댐으로 인한 수몰로 줌머인들도 땅이 부족한 상황이었다. 1963년에 완공된 이 댐 때문에 10만명 이상의 이주민이 발생했고, 경작 가능한 CHT지역 농토의 40%가 물에 잠겼다. 또한 이주정책과 더불어 군사화정책이 실시되면서 방글라데시 군인들은 '게릴라폭동 진압'이라는 명분으로 줌머인들을 억압하기 시작했다.

　이처럼 집단학살에 가까운 인권침해에 관한 보고들이 방글라데시 정부의 보도금지와 외국인 출입금지 정책에도 불구하고 1980년대 초부터 서서히 외부에 알려지면서 줌머인들의 심각한 인권침해가 국제사회의 이슈가 되기 시작했다. 오랜 투쟁 끝에 1997년 12월 2일 PCJSS와 방글라데시 정부 간에 평화협정이 맺어졌다. 이로써 PCJSS의 지도하에 CHT 자치권을 위해 25년간 싸워왔던 줌머인들에게도 존엄과 평화의 삶이 올 것이라는 새로운 희망이 생겼다.

　PCJSS의 주된 요구는 ①줌머인의 정체성에 대한 헌법적 인정 및 행정적·정치적 단위로서의 CHT 자치권 인정 ②국경수비대(BDR)를 제외한 모든 치안부대의 CHT 철수 ③CHT에서의 모든 이주민 퇴거와 원소유자로의 토지반환 ④PCJSS 대원들에 대한 일반사면과 적절한 사회복귀 ⑤유엔난민기구와 국제적십자사의 감독하에 이뤄지는 인도에서의 난민귀환 및 적절한 사회복귀였다. 그러나 기본적 요구에 크게 미치지 못하는 조건이었음에도 불구하고 여러가지 사정들로 PCJSS는 아와미(Awami)동맹정부와 평화협정을 체결할 수밖에 없었다.

주어진 정치적 환경에서는 어떠한 정부든지 합의에 이르는 것이 최후의 기회로 보였고, 일단 평화협정을 체결하고 나서 나머지 요구들을 차차 관철시키는 것 외에는 다른 대안이 없는 것 같았기 때문이다. 하지만 정부는 PCJSS가 평화협정 체결의 압력 아래 있다는 점을 교묘히 이용하여 PCJSS와 CHT 줌머인들의 오랜 요구조건들을 무시했다. 협정이 맺어진 지 수년이 지나도록 방글라데시 정부의 지연전술로 말미암아 협정에서 합의된 결정과 조치들은 거의 시행되지 않았다. 게다가 인도에서 돌아온 많은 난민들은 그들의 옛 땅과 약속된 보상을 받지 못했다.

평화협정의 조건 및 이행에 만족하지 못한 힐인민위원회(HPC), 힐학생위원회(HSC), 힐여성연대(HWF) 등 줌머인 단체들은 1998년 12월 연합국민민주전선(United Peoples Democratic Front, UPDF, 이하 민주전선)을 결성하고, 불완전한 평화협정에 반대하여 줌머인의 완전자치를 위한 투쟁을 계속하기로 했다. 이로써 그동안 PCJSS를 중심으로 하나가 되어 방글라데시 정부 및 벵갈인 이주자들과 투쟁하던 줌머인들은 이제 PCJSS와 민주전선으로 분열되고 말았다. 게다가 벵갈인 이주민들과 주류정당 역시, 평화협정은 방글라데시 헌법에 반하여 국가주권을 위태롭게 할 뿐 아니라 방글라데시 이주자들의 권리를 보호하지 못한다고 주장하면서 평화협정에 반대했다. 평화협정은 체결되었지만 진정한 평화는 오지 않았던 것이다.

한국의 줌머인들은 대부분 민주전선 계열의 사람들이다. 우리는 줌머인의 인권상황을 조사하고 직접 체험하기 위해 한국의 줌머인들과 민주전선 CHT본부의 안내로 2004년 4월 9일 보이사비 축제가 열리는 CHT 카그라차리(Khagrachari) 지역을 찾았다. 보이사비는 줌머인의 신년축제요 오랜 전통명절이라 방글라데시 정부는 축제를 노골적으로 금지할 수는 없었으나, 축제가 정치적 시위로 번질 것을 염려하여 여러가지 방법으로 방해했기 때문에 CHT지역에서는 긴장이 높아가고 있었다. 통행하는 길목마다 1킬로미터에 하나씩 군초소가 눈에 띄는 것으로 보아 군사화된 지역임을 짐작할 수 있었다.

수개월 전인 2003년 8월, 카그라차리 지역 마할차리 마을에서는 다음과 같은 일이 벌어졌다. 군대의 방관 속에 벵갈 이주민들이 줌머인들을 공격하여 마을 전체가 불타고 9명의 여성이 성폭행을 당했으며, 한 사람은 윤간당했다. 그리고 가족이 보는 앞에서 한 남자가 살해되었으며, 겨우 9개월 된 어린 아기

순박한 줌머족들이
당하는 박해와 공포는
아름다운 자연 속에 가려져 있었다.

가 목 졸려 죽었다. 우리는 이 마을을 찾아가보고 싶었다. 그런데 우리의 방문을 기다릴 여유도 없이 마할차리 피해주민들은 벵갈 이주민들의 눈을 피해 산 넘고 물 건너 우리를 찾아왔다. 그들에겐 우리의 방문이 유일한 희망이었다.

우리가 CHT를 방문한 후 법무부에 제출한 보고서에 힘입어 2004년 12월 줌머인들 12명은 난민으로 인정되었다. 이것은 난민인정에 인색하고 머뭇거리기만 하던 정부의 태도가 바뀐 일대 사건이었다. 그해 난민으로 인정받은 총 18명의 신청자 중 12명이 줌머인이었다. 피난처의 현지조사 활동이 가져다준 작은 성과요 보람이었다.

산 외에는 친구가 없는 사람들

그즈음 남편은 사회운동을 모르는 척하는 내게 쿠르드난민
에 대해 자세히 설명해주곤 했다.

"여보, 쿠르드사람들의 설날은 1월 1일이 아니래."

"그럼요?"

"3월 21일이고, 이름은 나루즈래."

"음 희한하네. 우리처럼 구정하고 신정이 한두달 차이나는
것도 아니고, 3월말이니 달력 쓰기도 굉장히 헷갈리겠네."

"산 외에는 친구가 없다는 사람들인데, 그 사람들 설날에 가
까운 북한산에라도 함께 갈까? 나라도 없이 타국에서 힘들잖
아. 지금 걸프전 때문에 가족들 걱정에 불안해하고……"

"언제요?"

"토요일 저녁에 만나서 명절 쇠고 일요일 아침에 등산하지."

"그럼 밥은? 나는 밥할 줄 모르는데."

"당신도 갈 거야? 우린 라면 먹어도 돼. 괜찮아."

"나는 등산은 안할 거야! 아침밥만 준비할 거야."

나는 이제 막 돌이 지난 아들 시헌이를 업고 생활비를 조개라면과 쌀, 김치, 김, 참치, 과일 등을 사서 민박집에 도착했다. 쿠르드난민들 틈에 들어선 나는 몇년 전 외국인노동자들을 위해 일하던 때로 다시 돌아간 것 같아 그 자리에 금세 익숙해졌다.

웃고 이야기하던 쿠르드 친구들 몇이 밖에 나가더니 새싹이 난 잔디를 그릇에 담아가지고 들어왔다. 그리고 금붕어가 든 어항과 캔디 등을 잔디와 함께 상 위에 놓고 축제를 준비했다.

"아니, 저 사람들 조상은 잔디도 먹나?"

"쿠르드인의 새날을 기원하는 마음에서 새싹과 생명으로 축제를 준비하는 거래."

나의 호기심 가득한 표정을 본 이호택 대표가 빠르게 설명해 주었다. 나는 그들이 축제를 즐기는 동안 밥을 했고 김치찌개를 끓였다. 일찍이 외국인노동자들 사이에서 공인받은 '최악의 요리사'지만, 그날은 김치 덕분인지 찌개가 맛있게 끓여졌고 반찬은 두가지뿐이었지만 모두들 행복하게 저녁을 먹었다.

저녁상을 물린 후 갑자기 쿠르드 친구들은 손수건을 꺼내기 시작했다. 그러고는 두줄로 서서 음악에 맞춰 손수건을 양쪽 어깨에 번갈아 대면서 춤을 추었다. 춤을 추지 않는 친구들은 앉아서 노래를 불렀는데, 나중엔 흥에 겨웠는지 모두 뛰어나가 함께 춤을 추었다.

나는 속으로 '으이구, 저 사람들 참 촌스럽게 춤을 추는구나' 생각하며 설거지를 하러 부엌으로 가는데, 까르르 웃는 소리가 들렸다. 돌아보니 알랭 들롱(Alain Delon)처럼 훤칠한 미남들 사이에서 키 작은 동양남자가 상 닦던 행주를 돌리며 춤을 추고 있었고, 그 옆에서 아들 시헌이가 박수를 치며 발을 구르고 있었다.

그런데 그 모습이 너무 아름다워 보였다. 남편의 어설픈 춤을 보며 웃는 쿠르드 친구들의 눈빛은 어른의 눈빛이라고는 믿을 수 없을 정도로 무척 맑았다. 그렇게 그들은 몇시간이나 춤췄고, 나는 쿠르드 친구들의 해맑은 모습을 보며 마음을 정화할 수 있었다.

자원이 풍부한 땅의 힘없는 주인 쿠르드는 힘센 나라들에 모든 것을 빼앗겼다. 또 정복자들의 책략으로 자기들끼리도 서로 믿지 못하게 되었다. 산 외에 친구가 없다는 말은 그래서 나온 것이다.

쿠르드 친구들의 지도자격이었던 썸코와 케말 역시 동향 출신의 동기동창이면서도 서로를 믿지 못했다. 썸코는 공부를 잘하는 우등생인 반면 케말은 말썽꾸러기였다. 누가 먼저 잘못했는지는 몰라도 고향에서 위기상황이 닥쳤을 때 케말이 겁을 먹은 나머지 실수를 했던 것 같다. 그 일이 씸코에게 상처가 되었고 여러모로 부족한 케말을 인정할 수 없었던 것이다. 케말 역시 그런 씸코를 불편하게 생각했다.

그러나 이날 둘은 껄껄거리며 함께 춤을 추었다. 그들의 천진한 모습을 보면서 오늘 같은 기회가 많을수록 상처가 빨리 회복될 것 같다는 마음이 들었다. 2003년 당시 전쟁중이던 이라크, 특히 그 안에서도 약자인 쿠르드인들에게 아무 일 없기를 나 역시 간절히 소망했다.

이라크지역의 전쟁이 수습되고 몇달이 지난 2003년 12월 13일, 텔레비전을 보는데 "속보—이라크 싸담 후쎄인 체포"라는 자막이 떴다. 그때 전화가 울리더니 씸코가 그동안의 체면도 버리고 "미세스 리, 간사님, 후, 후쎄인이, 후쎄인이 잡혔어요. 흑흑" 하고 흐느끼는 것이었다. 흥분으로 몸을 가누지 못하는 씸코의 모습이 그려졌다.

나는 속보를 접한 순간 후쎄인이 나쁜 놈이긴 하지만, 그 역시 석유를 탐내는 미국 때문에 희생당한 것이 아닌가 생각하면서 찜찜해하던 차였다. 나와는 너무나 다른 감정으로 북받쳐 있는 씸코에게 어떤 말을 해야 할지 몰라 나는 잠시 우물쭈물했다.

"이호택 대표에게 전화했어요?"

"으흐흑…… 으흐흑……"

"그놈 잘 잡혔네. 오래도 버텼네……"

"고마워요…… 호택 대표에게 전화할게요."

그는 나의 공감이 위로가 되었는지 안정을 찾고 전화를 끊었다. 일을 할 때는 유능하고 능력있는 이호택 대표가 필요하지만, 기쁘거나 서러울 때는 일 못해도 함께 웃고 울어주는 사람이 생각나는 모양이다.

다시 몇해가 지나 2007년 초에 씸코를 만났다. 씸코를 보면 일제시대 타국을 떠돌던 애국지사들이 생각났다. 그래서 더 마음이 갔고, 그도 그것을 알고 있는 듯 속에 있는 이야기들을 털어놓았다.

"간사님."

"네?"

"지난 연말에 싸담이 처형당했잖아요. 전 너무 좋아했어요. 근데 교회 청년들이랑 이야기를 하는데 저를 너무 이상하게 보더라고요."

"왜요?"

"싸담 후쎄인을 처형하는 것은 옳지 않대요. 오히려 미국이 나쁜 놈들이라고 하더라고요. 미국이 이라크의 석유 때문에 싸담을 죽인 거라고요."

"그렇게 생각하는 사람들이 많아요."

"그건 너무해요. 우리 쿠르드족은 원래 석유가 많은 지역에서 살았어요. 그런데 싸담은 우리의 모든 것을 빼앗아가고도 모자라 화학무기로 노약자와 여자, 어린이 들까지 살해했어요. 이슬람의 문화로는 이해가 가지 않는 일이에요. 그래서 같은 이슬람권 국가들에 도움을 요청했으나 그들도 우리를 돕지 않았죠. 우리는 이슬람권에서도 왕따예요. 그게 바로 석유 때문에 그렇게 된 거예요. 싸담이 쿠르드인의 석유를 약탈하지 않았다면 저도 후쎄인을 동정했을 거예요. 그러나 후쎄인은 우리 쿠르드인을 비참하게 만들었고, 서로 믿을 수도 사랑할 수도 없게 만들었어요. 한국의 청년들이 그렇게 얘기하는 것은 자신들이 겪은 일이 아니기 때문이에요. 그래서 후쎄인을 동정할 수 있는 거예요."

"그렇네요. 한국도 일제시대 때 안중근이라는 사람이 이또오 히로부미라는 일본총독을 죽였어요. 일본에서는 그를 테러리스트라고 사형시켰지만 우리에게는 영웅이죠. 썸코의 시각과 감정은 우리와 다를 수밖에 없어요. 이해하세요."

나는 남편에게 잠깐씩 들은 얕은 정보로 쿠르드인을 동정하긴 했으나, 그때까지 그들의 비극적인 상황을 잘 알지 못했기 때문에 동감할 수는 없었다. 이라크정부의 책략으로 쿠르드인들은 힘있는 정부에 굴복하거나 행동대장이 되어야 했다는, 그래서 스스로 동정받지도 못하는 사람들이 되고 말았다는 썸코의 한탄을 듣고서야 그들의 참 비극을 알게 되었다.

난민의 현재는 한국의 과거

이호택 대표는 당시 한국에서 난민신청중이던 버마 NLD 한국지부 사람들을 자주 만났다. 혼자 힘겹게 일하는 남편을 도와 나는 온갖 일을 거들어야 했다. 내 특유의 명랑함과 외국인 노동자를 돕던 현장활동가로서의 노하우 덕분에 난민들과 쉽게 친숙해질 수 있었다. 일방적으로 도움을 주는 헬퍼(helper)가 아닌, 서로 마음을 나눌 수 있는 친구가 되면 굉장히 빨리 친해진다.

버마난민들은 정치적 망명자들이었다. 민주화를 향한 그들의 열정은 대단했다. 나는 발음하기도 어려운 그들의 이름에 별명을 붙여 부르며 친근하게 대했고, 그들도 내게 스스럼없이 다가왔다.

"퉁오빠, 퉁오빠는 왜 한국에 왔어요? 호주나 태국으로 가면 도와줄 사람들이 많잖아요."

"간사님, 우린 한국에 꼭 오고 싶었어요."

"미얀마에서 여기까지 오려면 굉장히 힘들었을 텐데……"

"미얀마가 아니라 버마예요. 우리는 부당하게 정권을 획득한 미얀마정부를 인정하지 않아요. 그래서 버마라고 불러요."

"네 알겠어요. 저도 그렇게 부르고 친구들에게도 버마라고 부르게 할게요."

"고마워요."

"그럼 왜 한국을 선택했어요?"

"한국은 스스로 민주화를 쟁취한 나라잖아요. 군부독재에 맞서 피로써 민주주의를 이뤄낸 나라라서 꼭 배우고 싶었어요."

"아, 그렇군요."

"한국의 5·18처럼 버마에서도 88사건이 있었어요. 1988년 8월 8일 우리나라에서 학생운동이 있었고 그때 체포되었던 많은 사람들이 탈출해서 때마침 88올림픽으로 입국절차가 간소해진 한국으로 온 거예요."

"아, 네……"

"지금 우리 버마도 군부독재로 힘들어요. 우리의 현재가 한국의 과거잖아요. 그래서 배우고 싶었어요. 부럽기도 하고요. 태국이나 호주 가면 더 편하게 있을 수 있지만, 먼저 민주화를 이뤄낸 한국에서 잘 배워서 버마를 한국처럼 만들 거예요."

"우리가 부러워요? 난 한번도 그런 생각 안해봤는데……"

"나는 한국이 부러워 미치겠어요."

"퉁오빠, 기운내세요."

나는 그날부터 남편의 빈자리만을 담당하던 소극적인 행동에서 벗어나 당시 세살이던 아들 시헌이까지 동원해 그들 옆에서 작은 것이라도 도우려 했다.

2004년 봄 버마에서 안 좋은 소식이 들렸다. 현 군부세력이 야당지도자이며 노벨평화상 수상자인 아웅 산 수 치 여사를 가

조국의 민주화를 위해 찾아온
외로운 망명객들.
그들의 용기있는 투쟁에
나와 아들 시헌이까지 가세했다.

택연금했다는 소식이었다. NLD 친구들은 흥분했고, 곧바로 용산의 버마대사관으로 달려갔다. 나는 그날의 집회를 알리기 위해 기자들에게 보도자료를 보내느라 현장에 늦게 도착했다.

현장에서는 삭발식을 거행하기로 되어 있었다. 내가 전기이발기를 가져가기로 했는데 구하지 못한데다 늦는 바람에 그들은 하는 수 없이 가위로 머리를 잘라내고 있었다. 현장에 도착한 나는 터져나오는 웃음을 참아야 했다. 너무나 근엄한 자리였지만, 맹구같이 듬성듬성 잘려 있는 그들의 머리를 보고 절로 웃음이 나왔던 것이다.

그들은 집회 및 시위 48시간 이전에 관할경찰서에 신고해야 한다는 '집회 및 시위에 관한 법률'을 위반했다는 이유로 대기해 있던 경찰차에 하나씩 태워졌다. 이호택 대표가 그들을 따라가려 했지만, 나는 내가 가겠다며 차에 올랐다. 원래 이런 일에는 남자보다 여자가 가야 일이 훨씬 더 잘 풀린다는 것을 경험으로 알고 있었다.

우리는 관할경찰서로 호송되었고, 의경들은 우리를 하나씩 붙들고 경찰서 강당으로 몰아넣었다. 경찰들은 갑자기 잡혀온 버마인들이 20명이나 되는데다 말도 안 통하는데 어떻게 조서를 꾸미느냐며 옥신각신하다가 한참 후에야 "야 거기 빨간 티 나와!"라며 한명씩 불러내 조서를 만들었다. 달갑지 않은 상황에 짜증이 난 그들은 통명스러운 태도로 우리를 대했다. 특히 버마 양곤대학(한국으로 치면 서울대학)의 학생회장 출신이며 신부

전중 환자인 르윈에게 함부로 했고, 가장 나이 많은 회장님께
도 거친 막말을 쏟아부었다.

"야, 니들 왜 그래! 남의 나라에서 시끄럽게…… 나원, 일요
일에 이게 무슨…… 이름?"

"아웅민수잉쩌머웅."

"뭐? 뭐라는 소리야. 웅밍숭잉? 아이씨, 뭐라고 써야 돼? 거
기 아줌마요, 아가씨요? 쟤가 뭐라는 거요?"

갑자기 그가 나를 쳐다보며 물었다. 시종 짜증으로 일관하는
경찰과 흥분한 친구들이 부딪칠까 걱정된 나는 조용히 경찰에
게 다가갔다.

"저, 경찰아저씨."

"왜요?"

"저분들은 외국인노동자가 아니고요. 난민이에요. 버마의 아
웅 산 수 치 여사 아시죠? 노벨평화상을 탔던 수 치 여사. 그분
이 선거에 이겼는데 지금 대통령이 쿠데타를 일으켜서 연금시
켰대요. 이분들은 수 치 여사가 이끌던 야당의 당원들이에요.
우리나라에 망명해온 사람들이에요. 난민들이라고요."

"그래요?"

"우리 김대중 대통령도 외국에 망명했다가 민주화된 다음에
돌아와 대통령이 되셨잖아요. 저분들도 그런 분들이에요. 본국
에 돌아가면 대통령 되실 분들이거든요. 잘 보세요. 그렇게 생
기셨죠?"

"그런가? 근데 머리가……"

"아…… 바리깡이 없어서…… 머리 말고 얼굴을 보세요."

"정말이에요? 외국인노동자 아니에요?"

"외국인노동자가 본국 정치문제 때문에 데모하는 거 봤어요? 돈 벌러 왔는데 문제되게 왜 데모하겠어요? 대통령 되실 분들이라니까요."

그렇게 말하고 나는 조용히 자리로 돌아왔다. 보란 듯이 회장님께 깍듯이 인사를 하고, 컵에 따뜻한 물을 따라 르윈에게 두 손으로 예의 바르게 건네주었다. 흘깃 살펴보니 방금 그 경찰은 우리를 응시하며 상급자 경찰과 한참 동안 귓속말을 하고 있었다. 10분 후 한 의경이 내게 다가왔다.

"간사님, 저분들에게 저녁식사 뭐 드시겠냐고 물어보세요. 여기는 강당이라 냄새나는 거 시키면 안되니까 짜장면이나 그런 걸로 시키라고 하세요."

"예? 이분들 아침도 못 드셨는데 밥으로 먹으면 안될까요? 담당경찰님께 여쭤봐주세요. 밥 종류로 아무거나 시켜주시면 나눠먹을게요."

한참 후에 불고기 백반, 고등어구이, 된장찌개, 김치찌개 등 각종 음식이 강당으로 들어왔다. 의경들은 바닥에 신문지를 깔면서 말했다.

"간사님, 이런 적 없었어요. 이곳엔 냄새난다고 김치찌개도 못 시켜 먹는 곳인데 고등어구이라니……"

"근데 왜 이렇게 푸짐하게……"

"형사님이 이중에 대통령 있다고 잘 모시라고 해서요."

나는 의경이 나가자 버마 친구들에게 자초지종을 이야기하며 까르르 웃었다. 내가 기분좋게 웃는 모습을 보고 회장님과 르윈, 퉁오빠 네퉁나인은 나를 따라 크게 웃었지만, 다른 친구들은 내게 와서 말했다.

"간사님, 농담 아니에요. 우리도 돌아가면 충분히 그럴 수 있거든요. 대통령 되면 거짓말 안 한 거죠. 하하하."

그날 저녁 우리는 조서를 대강 꾸미고 맛있는 저녁을 먹었다. 경찰들은 내게 합법적인 집회방법과 언론동원 방법들을 열심히 가르쳐주었고, 우리는 아쉬움을 뒤로하고 경찰서를 나왔다. 그 다음부터 버마 친구들은 한남동의 버마대사관에서 매주 일요일 오후 합법적이고 효율적인 시위를 몇년이나 계속 이어나갔다.

따라하는 거 아니에요

2003년 버마 친구들 3명이 난민인정을 받았다. 그들과 비슷한 시기에, 그러나 한발 늦게 줌머라는 방글라데시 소수민족이 한국에서 집단으로 난민인정 신청을 하고 그 결정을 기다리는 중이었다.

버마난민들은 정치적인 망명객들이라 신념이 강했고, 자국의 정치지도자가 선거에서 이긴 자신들을 폭압정치로 내쫓았기 때문에 감정이 격해 있었다. 그래서 늘 기회만 되면 마이크를 잡고 강하게 말했다. 한편 이들은 본국의 상황이 바뀌면 언제라도 돌아가려 했기 때문에 한국어를 배우지 않아서 말이 매우 어눌했다. 그래서 늘 영어로 자신의 의견을 이야기했고 울분을 토하다 눈물을 흘리기까지 했다. 그 모습을 보면 그들이 난민이라고 말하지 않아도 정치적 망명객임을 알 수 있을 정도였다. 그래서 그들의 난민인정은 모두가 예견하고 있던 사실이었다.

그러나 방글라데시 소수민족인 줌머족은 사뭇 달랐다. 나도 줌머족을 처음 만났을 때 굉장히 당황했다.

"안녕하세요, 간사님."

"예. 누구시죠?"

"우리는 방글라데시 줌머족 사람이에요."

"줌마요?"

"아줌마가 아니구요. 그냥 줌머예요. 호호호."

그들은 손으로 입을 가린 채 웃으면서 이야기했다. 외국인노동자라면 모를까, 자국에서 쫓겨난 최악의 경험을 한 사람들치곤 이해할 수 없을 정도로 부드럽고 온유해서 난민이라는 생각이 들지 않았다. 나는 자리를 옮겨 난민인정 관련업무를 담당하는 공무원과 이야기를 나눴다.

"줌머족이라는 사람들도 있네요."

"네, 벵갈족이 주류인 방글라데시에서 사는 소수민족이래요."

"아, 네…… 저분들도 난민신청을 했다지요?"

"네. 요즘은 난민 같지 않은 사람들도 신청을 많이 하네요. 외국인노동자들이 악용하면 안되는데…… 버마사람들이 난민인정을 받으니까 따라하는 것 같아요."

"네, 한국에서 체류하고 싶어하는 외국인노동자들이 난민제도를 악용하면 정작 난민으로 인정받아야 하는 사람들이 손해를 볼 수 있는데 걱정이에요."

나는 그렇게 대답하며 마음속으로 줌머인들을 의심하고 있었다. 남편 이호택 대표도 이렇게 말했다.

"사람들이 순하지? 조사를 해보니까 방글라데시 동남쪽 산맥인 치타공힐트랙에 사는 소수민족으로 오랫동안 방글라데시 정부군하고 대치를 했고 핍박도 많이 받다가 얼마전 정부와 협상을 했다더군. 그래서 일본이나 유럽에서는 줌머족에 대해 박해의 염려가 없다며 난민인정을 안해주는 추세라는데……"

"그래요, 내가 보기에도 그래요. 다른 난민들에게 보이는 치열함이 없어요. 외국인노동자인데 한국에서 살려고 그러는 거 아닐까?"

"그래서 방글라데시 줌머족이 사는 곳에 한번 갔다 와야겠어. 혹시 난민들인데 우리가 안 믿어주거나 그들이 잘 증명해내지 못하는 것일 수도 있으니까……"

"아이고, 또 시작이시네. 내가 보기에는 정말 아니거든요. 죽을 뻔한 난민이 그렇게 부드러울 수 있어요? 강하게 밀어붙여도 될까 말깐데, 그렇게 점잖게 하면 누가 도와주고 누가 믿어줘요. 난민이 아니니까 강하게 주장을 못하는 거지."

"그래도 혹시 모르잖아. 다녀와서 아니면 포기할게. 이대로 갔다간 그 줌머사람들 난민신청에서 기각될 것 같아."

"만약 진짜라도…… 그곳은 위험하다는데."

"그렇게 위험하다면 그들이 난민인 게 맞겠지. 다녀오리다."

이 고집불통, 왕고지식 이호택 대표는 2004년 4월 줌머 친구들이 가지 못하는 곳, 방글라데시 치타공힐트랙으로 난민증거 채집을 위해 떠났다. 당시 나는 자유터학교(탈북청년을 위한 야학)를 운영하면서 여명학교(탈북청소년들을 위한 대안학교)의 교감으로 학교 설립준비를 하고 있었기 때문에 몹시 바빴다. 때문에 다섯살 아들과 세살 딸을 맡기고 위험한 곳으로 떠나는 남편이 얄밉기도 하고 걱정도 돼서 줌머 친구들이 살짝 원망스러웠다.

남편을 공항에서 배웅하고 오는 길에 줌머족 대표인 로넬과 이야기를 나눴다. 로넬도 남편을 보내는 나의 눈빛에서 걱정과 의심을 읽었는지 이렇게 말했다.

"저 간사님…… 이호택 대표님은 방글라데시에 가도 위험하지 않아요. 걱정 마세요."

"네? 그럼 왜 난민신청을 하셨어요?"

"무슨 말씀이세요?"

"이호택 대표는 방글라데시 정부가 줌머사람들을 핍박하기 때문에 난민신청을 하는 것이라고 믿고 현장조사하러 가는 건데 위험하지 않다니요?"

"아, 그게 아니구요. 방글라데시 정부가 줌머사람들과의 분쟁 때문에 국제적으로 망신을 당하니까 외국인에게는 포장을 하고 해를 안 끼쳐요. 다만 외국인이 힐트랙을 벗어난 다음에는 줌머족을 철저하게 조사해요. 또 우리 줌머족은 지금 단결해서 투쟁하는 상황이 아니라 일방적으로 박해를 받고 있기 때문에 오히려 외국인들은 안전해요. 그 상황은 가서 잘 관찰해보면 알게 될 거예요."

"네. 근데 줌머족은 너무 유순해서 난민 같지가 않아요. 그래서 많은 사람들이 버마사람들을 따라 난민신청을 했다고 생각해요."

"네? 우리가요? 따라하는 거 아니에요."

"………"

"우리 줌머족은 산속에서 평화롭게 사는 사람들이에요. 아름다운 자연 속에서 살다보니 사람들이 순박해요. 또 다수 이슬람 벵갈족 사이에 사는 소수 불교도들이라 강하지 못해요. 그래서 치열해 보이지 않나봐요. 어렸을 때 학생운동을 하던 나도 우리 민족의 그런 모습이 싫었거든요."

자신들의 민족성을 설명하는 로넬의 말에 예전에 내가 도왔던 외국인노동자들도 각각의 민족이나 국가마다 다른 특색을 지니고 있던 것이 떠올랐다. 낙천적인데다 음악만 나오면 눈사람만한 엉덩이를 흔들며 춤추던 나이지리아인, 자존심 강한 파키스탄인, 그들보다 더 강해서 무섭기까지 했던 이란인, 늘 수다스럽던 필리핀인, 그들의 자연만큼이나 순박했던 네팔인…… 치타공의 자연 속에서 사는 줌머인들도 네팔사람들과 비슷한 품성을 지녔을 것이라 짐작되었다.

그들의 문화와 민족성을 감안하지 않고 내 잣대로만 판단한 것이 미안했다. 로넬에게 미안하다고 사과하고는, 이호택 대표가 정부군의 눈을 피해 증거물들을 잘 수집해서 무사히 귀국하기를 나의 하나님과 당신의 부처님에게 기도하자고 당부하며 집으로 돌아왔다. 이호택 대표는 보름 후 귀국했고, 귀국하자마자 공항에서 말했다.

"여보, 줌머사람들은 정말 안타까운 처지에 놓여 있더군. 아름다운 자연에 그들의 고난이 가려져 있어. 그래서 더욱 처참하다는 생각이 들었어요. 정부군이 저항하던 사람들의 집을 모두 불태워버렸고 사람들은 공포에 떨고 있어. 열심히 준비해서 증빙서류로 낼 거예요. 최선을 다하겠다고 사람들과 약속했으니 지켜야지."

이호택 대표는 정부에 증거자료들을 열심히 제출했고, 2004년 12월 줌머족 12명이 모두의 예상을 깨고 난민으로 인정되는 쾌거를 이뤘다.

나가랜드 대통령 부부

2005년 어느날 이호택 대표는 내게 난민문제에 관심이 많은 미국의 변호사가 인도 동북쪽의 미독립국가인 나가랜드 대통령 부부와 한국을 방문하니 함께 만나자고 했다. 망명정부이긴 하지만 그래도 대통령 부부인데 아무도 만나주지 않아 마음이 많이 안 좋을 테니 잘 위로해달라는 부탁도 했다.

호기심으로 그 자리에 나간 나는 너무도 위엄있는 대통령 부부를 만나는 순간 마음이 숙연해졌다. 특히 식사 내내 미소로 화답하던 영부인께는 깊은 친밀감과 존경심을 느꼈다.

대통령 부부는 나가랜드에 대해 자세히 설명해주었다. 천연자원이 없는 척박한 인도 동북부지역에 위치한 나가랜드는 힌두교를 믿는 인도와 달리 전 국민의 97%가 기독교신자이며, 자신들은 독립을 꿈꾸는 해외 망명정부의 수반이라고 했다. 영부인은 큰아들은 인도에 있어 만난 지 오래되었고 막내아들만 함께 살고 있다는 안타까운 개인사도 들려주었다.

나는 우리 민족도 나라 없이 떠돌던 시기가 있었으나 그런 어려움을 통해 지금의 정부가 탄생되었고, 자원이 부족해도 세계 10대 경제대국이 되었다는 것을 이야기해주며 그들을 위로해주었다. 대통령 부부는 그래서 꼭 한국을 방문하고 싶었다며 나가랜드의 독립을 기원해달라고 했다.

그들과 헤어지고 집으로 가는 내내, 낯설지 않은 그들의 슬픔이 머릿속을 떠나지 않았다. 옛날 해외로 망명한 애국지사들 역시 저들처럼 아무도 알아주지 않는 외로움 속에서 나라의 독립을 위해 분투했을 것이 아닌가. 지금도 세계 곳곳에는 독립을 꿈꾸며 외롭게 떠도는 사람들이 많다. 그들의 외롭지만 아름다운 꿈이 하루빨리 이루어지기를 간절히 기도한다.

2부
/
난민과 함께
꾸는 꿈

1장
난민들의
따뜻한
피난처

사단법인 피난처의 활동

갈 곳을 잃은 난민들에게는 피난처가 있다는 사실이 무엇보다 큰 위로가 될 것이다. 1999년에 창립한 사단법인 '피난처'는 국내 최초의 난민지원단체로, 지금도 이곳을 찾는 난민들의 발걸음이 끊이지 않고 있다.

난민들이 피난처를 찾는 첫째 이유는 난민인정 절차에 대한 조언과 지원을 구하기 위해서다. 난민들이 한국 체류를 허가받기 위해서는 난민으로 인정받아야 하고, 그러기 위해서는 본국으로 돌아가면 박해당할 합리적 이유가 있음을 증명해야 한다. 피난처는 난민신청, 이의신청, 행정소송의 각 단계에서 난민들이 박해에 관한 주장과 증거를 잘 정리해 제출할 수 있도록 통역과 법률지원 활동을 수행해왔다.

피난처의 모든 활동은 자원봉사를 근간으로 이루어진다. 그렇다고 난민을 단지 도움을 베풀 대상으로 생각하는 것은 아니다. 우리는 그들을 함께 성장하는 친구 혹은 경험을 배울 수 있는 선배로 여긴다. 그동안 자원봉사는 물질 대신 시간과 노동으로 온정을 베푸는 자선행위이며, 자원봉사자들에게는 의무나 책임이 없다고 인식되었다. 때문에 자원봉사자들에게는 중요한 역할이 부여되지 못했고, 많은 시민단체들은 시민의 자원봉사보다는 물질후원에 의해 운영되었으며 대부분의 주요 활동은 유급활동가들에 의해 이루어졌다. 심지어 자원봉사가 오히려 단체활동에 부담을 준다는 이유로 자원봉사자를 받지 않는 단체들도 있다.

하지만 피난처는 각자 천부적으로 받은 다양한 재능이 다른 사람들에게 도움과 힘이 되고, 결국 서로가 서로에게 피난처가 될 수 있다는 믿음 위에 서 있기 때문에 자원봉사를 중요한 자산으로 여긴다. 더구나 우리는 다른 사람을 위해 봉사하는 동안 우리 자신도 쉼을 누릴 수 있다는 사실을 깨달았다. 피난처의 봉사는 다른 사람들에게 피난처를 제공하는 활동일 뿐 아니라, 우리 역시 쉴 곳을 얻는 비밀한 삶의 방식이 되었다. 일이라 생각한 봉사에서 뜻밖의 안식을 찾은 것이다.

피난처의 초창기 활동은 자원활동으로 이루어질 수밖에 없었다. 월급 줄 사람이 없으니 자원활동을 할 수밖에. 아니, 사실

피난처는 서로가 서로에게
피난처가 될 수 있다는
믿음 위에 서 있다.
너는 나의, 나는 너의
피난처가 되겠다는
약속과 믿음.

월급 줄 사람이 없어서가 아니라, 댓가를 받으며 봉사하고 싶지 않았기 때문이라고 하는 게 맞을 것이다. 그런데 우리의 헌신이 쌓여가면서 여러 방면에서 보상도 함께 따라왔다. 흔히 봉사는 굶으면서 하는 것이라 생각하지만, 그동안 우리는 굶지 않았다.

간혹 NGO활동을 하고 싶은데 무엇을 어떻게 시작해야 하는지 묻는 사람들이 있다. 그때마다 나는 명함부터 찍으라고 대답해준다. 1, 2만원이면 500장 이상 찍을 수 있으니 직함을 정해 명함을 찍고, 사람들에게 나누어주라는 것이다. 그것은 내가 썼던 방법이기도 하다. 위급한 사람들에게 도움이 되겠다는 생각으로 '위급할(298) 때 오! 일일구(5119)'라는 문구로 내 전화번호를 적은 명함을 만들면서 피난처 활동이 시작되었다.

활동을 시작하면서 그동안 공부했던 법률지식이 도움이 되었다. 결국 내가 사람들에게 봉사할 수 있는 도구는 내가 가진 재능이었고, 버려진 것처럼 여겨졌던 법률지식이 다른 사람들에게 힘이 되는 것을 발견했을 때 나도 큰 힘을 얻을 수 있었다. 법률문제로 어려워하는 사람들에게 인터넷을 통해 무료상담 활동을 전개하고 외국인노동자피난처와 희년선교회에서 외국인노동자들을 위한 법률상담 간사로 봉사하는 동안, 나는 난민들을 처음 만나게 되었고 그후 난민문제에 천착하면서 어느새 한국 난민활동의 개척자 내지 난민문제 전문가로 불리게 되었다.

당시 많은 외국인노동자 지원단체들이 있었으나 난민문제를 전문적으로 취급하는 곳은 하나도 없었기 때문에 나는 그 일이 당연히 내가 해야 할 일이라고 느꼈다. 전문적인 지식이나 기술이 필요없는 단순한 일이었다. 박해 때문에 자기 나라로 돌아가기가 무섭다고 호소하는 사람들의 주장을 듣고 과연 그러한지 조사해서 그에 관한 입증자료들을 법무부와 법원에 제출해주면 되었다. 이런 일들은 주로 변호사들이 하는 일이지만, 난민문제에 관심있는 변호사들이 적었기 때문에 자연스럽게 NGO활동가인 나의 일이 되었고 피난처의 활동이 되었다.

난민신청자 심사에는 적지 않은 시간이 소요된다. 난민신청자는 난민심사가 진행되는 동안 한국에 임시체류를 할 수는 있으나, 결과가 불확실한데다 원칙적으로 취업이 허용되지 않아 불안정한 시간을 보내야 한다. 이 힘든 시간 동안 난민신청자들의 생계를 위해 함께 씨름하고 물질을 나누는 것 또한 피난처의 중요한 활동이다.

난민은 가난 때문에 한국에 들어온 사람들이 아니고 그런 의미에서 외국인노동자들과 구별되지만, 한국에서는 난민을 가난한 사람들로 이해하고 실제로도 대부분 가난하다. 왜냐면 한국에서는 그들이 취업할 길이 막혀 있기 때문이다. 한국은 그들을 가난 속에 방치해왔다. 난민신청자들에게 취업을 허용하면 우리의 일자리를 빼앗기는 것은 아닌가, 또한 더 많은 난민들이 우리나라로 몰려들고 아예 정착하려 할 것이 아닌가, 취업허가를 받기 위해 외국인노동자들도 난민으로 가장하여 난민신청에 몰려들 것이 아닌가, 하는 우려 때문에 취업을 허용하지 않은 것이다.

그러나 취업을 허용하지 않으면 난민 유입이 줄어들거나 본국으로 빨리 돌아가게 될 것이라는 생각은 잘못된 것이다. 예를 들어 갑자기 불이 나거나 강도를 당하면 어느 쪽으로 도망가야 할지 깊이 생각할 여유가 없다. 대문이든 창문이든 옥상이든 이웃집이든 탈출할 수 있는 곳이라면 어디든 닥치는 대로 일단 탈출하고 보는 것이다. 난민도 마찬가지다. 그들에게는 상대적으로 처우조건이 좋은 나라를 골라 탈출할 여유가 없다. 탈출 당시 들어갈 기회가 열린 나라라면 어디든 선택의 여지 없이 탈출한다. 그러므로 난민신청자에 대한 취업인정 및 선처 여부는 난민의 유입에 별다른 영향을 주지 못한다.

또한 이미 들어온 난민신청자들도 생계 때문에 본국으로 귀환하거나 다른 나라로 출국하는 경우는 극히 드물다. 대부분이 취업을 하지 못할 뿐 아니라 간간이 불법으로 취업해도 겨우 생존하고 있을 뿐이지만, 박해의 공포가 해소되지 않았기 때문에 쉽사리 돌아가지 못하는 것이다. 난민인정이 거부된 신청자들 역시 같은 이유로 돌아가지 못하고 불법체류자로 남게 된다. 이처럼 난민의 유입과 귀환은 박해와 위험의 문제일 뿐, 한국에서의 삶의 질 문제가 아니다. 따라서 난민신청자의 취업을 금지시킴으로써 난민의 유입을 억제하거나 난민의 귀환을 강제하려는 시도는 정당하지도 않고 효과도 없다.

난민은 박해의 위험을 피하기 위해 잠시 온 손님들이고, 어려움이 지나면 조국으로 돌아갈 사람들이다. 초청받은 손님이 아니라는 이유로 우리는 그들을 가벼이 대하고 있지만, 그들도 우리나라에 오고 싶어서 온 것은 아니며 재난은 누구에게나 닥칠 수 있고, 무엇보다 우리도 난민이 될 수 있다는 사실을 상기해야 한다. 즉 난민제도는 모두를 위한 보험과 같은 제도임을 이해할 필요가 있는 것이다.

사단법인 피난처는 난민신청자들의 생계를 지원하기 위해 시민들로부터 기증받은 물건들을 난민들에게 분배하는 '나눔창고'를 운영하고 있다. 하지만 모든 난민신청자들의 생계문제를 도움이나 나눔으로만 해결할 수 있는 것은 아니다. 난민신청자들 스스로 자신의 생계를 해결할 수 있도록 길을 열어주어야 한다. 피난처는 제도개선 캠페인을 통해 제한된 형태로나마 난민신청자들에게도 자영업이나 취업이 허용되어야 한다고 주장해왔다. 다행히 2008년 12월 19일 출입국관리법 개정으로 인도적 지위자는 물론, 신청 후 1년이 경과할 때까지 결정을 받지 못한 난민신청자도 취업허가를 받을 수 있는 길이 열렸고, 난민신청자를 위한 난민지원시설도 건립되고 있다.

조국에서 쫓겨 먼 한국까지 왔으나 이곳에서도 거부당하는 난민들의 몸과 마음은 몹시 지쳐 있다. 그들에게는 쉴 곳이 필요하다. 팔 벌려, 가슴을 열어 그들을 안을 피난처가 필요하다. 피난처는 자원활동가들의 선한 의지를 모아 난민의 인권을 보호하고 처우를 개선하기 위한 다양한 활동을 벌여왔다. 한글교실과 태권도교실 등이 열리는 '난민공동체학교', 난민 자녀들을 위한 '열국아이학교', 시민들에게 난민의 존재와 가치를 알리는 '세계 난민의 날' 행사를 비롯한 각종 캠페인을 통해 난민들과 함께할 때 그들의 지친 몸과 마음은 위로받는다. 한국뿐만 아니라 온세상이 서로에게 피난처가 되는 날을 꿈꾸며, 오늘도 피난처 활동가들은 난민들의 따뜻한 피난처가 되기 위해 노력하고 있다.

이제 우리는 도움을 받을 수 있는 거죠?

2001년 유엔은 난민들의 고통을 기억하고 난민문제 해결에 관심을 모으기 위해 6월 20일을 '세계 난민의 날'로 정했다. 이후 해마다 6월 20일은 난민과 함께 난민의 날을 기념하고, 많은 사람들에게 난민을 알리는 날이 되었다. 2001년 한국에서도 최초로 난민인정을 받는 사람이 생겼고 2003년에는 12명의 난민이 인정되면서 난민문제가 조금씩 알려지기 시작했다. 같은 해 6월 20일, 국회에서는 난민의 날을 기념하는 쎄미나가 개최되었다.

이날 나는 피난처의 대표로 남편과 쎄미나에 참석했는데, 그 자리에서 최초의 난민인정자 데구를 만나게 되었다. 데구에게

밝게 미소지으며 인사를 건넸지만, 그는 얼굴의 긴장을 풀지 않았다. 당황한 내가 나는 난민지원단체 피난처의 간사이며 당신과 같은 기독교인이라고 밝히자, 그제야 그는 긴장을 풀면서 자신의 난민신청 사실과 본명이 언론에 공개되는 바람에 자국에 있는 가족들이 걱정되고 너무 힘들다고 털어놓았다. 그래서 이런 자리에도 오기 어렵고 단체들과 연결되는 것도 겁난다며 이럴 줄 알았으면 아예 난민신청을 하지 않았을 것이라고 토로했다. 나는 그의 모습에서 난민인정만으로는 해결되지 않는 공포를 느낄 수 있었다.

이처럼 박해를 피해 온 난민들은 본국에 남아 있는 가족들 걱정과 한국에서의 난민인정 문제로 항상 불안감에 시달려야 한다. 그래서 피난처는 한국에 있는 난민들이 부담없이 만나 서로를 위로하는 축제를 만들어보고자 2005년부터 세계 난민의 날 기념축제를 개최하기로 했다.

첫해에 모인 난민들은 누군가 자신들을 불러주었다는 사실만으로도 감격스러워했다. 나는 여명학교 공간을 빌려 난민의 날 행사를 주관했고, 탈북청년들이 맛있는 음식을 준비해 그들을 대접했다. 비좁은 공간에 음식도 조촐했지만, 난민들은 우리가 환하게 웃으며 맞이하는 순간부터 긴장을 풀었다. 물론 평소에 만나는 사람들이었지만 여러 난민들이 함께 모이기는 처음인지라, 모두들 그동안 하고 싶었던 이야기를 마음껏 쏟아내기 시작했다.

"아, 간사님, 정말 이런 거 필요해요. 우리가 억울해도 들어줄 사람도 없고, 대신 싸워줄 사람도 없고."

"맞아요. 제 친구가 난민신청을 했는데 개는 영어를 몰라요. 아랍어밖에 모르는데 글쎄 통역으로 본국 대사관 직원이 나온 거예요. 나참…… 난민신청한 것은 정부에 비밀로 해야 하는데 그 친구는 대사관 직원을 보고 그만 얼어버렸대요. 대사관 직원도 아랍어로 왜 난민신청을 해서 나라 망신시키느냐며 욕을 하더래요."

"난민신청한 지 2년이 지났는데 아무런 연락도 없어요."

"얼마전에는 중국 천안문사태에 참여한 학생운동가 쉬보라는 사람이 한국에서 난민신청하는 거 포기하고 다른 나라로 갔잖아요."

한참을 서로 이야기하다 시리아인 알리가 내게 물었다.

"이제 우리는 피난처에서 도움을 받을 수 있는 거죠?"

"그럼요. 그런데 우리도 가난하고 힘이 없어서 많은 도움은 못될 거예요. 근데 저는 싸움을 잘해서 싸울 때만큼은 힘이 될 거예요."

그렇게 말하며 내가 양손으로 연필 부러뜨리는 시늉을 하자 모두들 크게 웃었다.

즐거웠던 행사가 끝나고 남은 음식을 싸서 나눠주려는데 갑자기 난장판이 되었다. 여성난민들, 특히 아프리카에서 온 여성들이 뒷사람은 생각하지 않고 앞다퉈 자기들 먹을 것만 싸는 것이었다. 그 광경에 모두들 놀라 혀를 차는데 음식을 준비했던 탈북학생들은 오히려 음식을 싸는 데 정신이 팔린 여성들에게 과일까지 챙겨주었다. 청소를 마치고 자유터 학생들과 차를 마시며 서로 이야기를 나눴다.

"선생님, 아까 당황하셨죠?"

"응. 서로 나눠 먹으면 될 텐데……"

"저희들은 저 사람들 마음 알아요. 우리도 저랬거든요. 죽도록 굶어본 사람은 남 생각을 할 수 없어요."

"그래도 다 똑같은 처지인데 뒷사람 배려를 좀 해야지."

"습관이 돼서 그래요. 난민으로 살 때는 언제 어떻게 될지 모르니까…… 뒷일을 모르니 눈앞의 일에 목숨을 걸게 되는 거예요. 오늘 이것을 먹지 않으면 내일 죽을 수도 있으니까요. 그렇게 안 살아본 사람은 알 수 없죠."

"그래. 하루아침에 변화될 수는 없겠지."

"아까 그 사람들 보니까 우리가 북한과 중국에서 살 때가 생각났어요. 너무 절박했기 때문에 배려와 여유가 뭔지도 몰랐죠. 그 사람들에게 더 잘해주어야겠어요."

한번도 그런 굶주림을 겪어보지 못한 나는 겨우 노력해야 이해할 수 있는 것을, 탈북청년들은 본능적으로 이해하는 것 같아 부럽다는 생각이 들었다. 마음으로 이해하고 봉사하는 것이 얼마나 중요한지 잘 알고 있기에.

가난하다고 사랑도 못하나?

2005년부터 피난처에는 아프리카 난민들이 몰려들기 시작했다. 콩고, 에티오피아, 우간다, 라이베리아, 나이지리아, 코트디부아르 등 월드컵 때나 들어봄직한 먼 나라에서 난민신청을 하러 온 것이다. 그들의 상황은 종족분쟁이나 쿠데타로 인한 정치적 박해, 종교적 핍박 등으로 비참했지만, 개인적으로는 늘 활력이 넘쳤고 흥겨웠으며 유머가 가득했다.

타고난 예술성으로 옷과 머리에도 상당히 신경썼는데, 최신 유행하는 미국 MBA 농구스타들의 얼굴이 찍힌 티셔츠를 입고 한껏 멋을 낸 모습이 마치 힙합가수 같았다. 나는 썬글라스를 끼고 레게머리를 한 난민 친구에게 보다 못해 걱정 섞인 한마디를 하고 말았다.

"크리스야, 너 그렇게 하고 다니면 돈 다 떨어지고 살기 어렵다."

"간사님, 괜찮아, 노 프러블럼!"

"예스 프러블럼이지. 어떻게 살려고 그래? 쎄이브 머니(save money) 해야지."

"난민인정 때까지 이렇게 다녀. 미국사람 쎄임(same, 같으면) 안 잡아. 이미그레이션 노 캐치(immigration no catch, 이민자들처럼 보이면 안 잡혀). 이거 이태원에서 만원, 간사님 우리 가난해……

알아, 또 잡혀서 홈(home) 가면 안돼. 그래서 살아야 돼, 머리 써야 해."

"음 그래. 그렇게라도 해야 안 잡히고 살겠구나. 하하하."

나름대로 머리를 굴린 아프리카 청년들은 미국 시민권자인 흑인처럼 꾸미고 다녔으며 불심검문이 어려운 이태원 등에서 살았다.

당시 피난처는 아프리카 난민들을 포함해 점차 불어나는 난민들로 발디딜 틈이 없었다. 피난처 역시 난민만큼이나 어려운 형편이라 밥 한끼 대접할 수 없는 상황이었다. 우리의 난민활동은 한국에서 최초였고 외부에서 후원해주기 전부터 시작했기 때문에 재정적으로 늘 넉넉지 않았다.

그래서 복사에서부터 행사 때 공간을 빌리거나 난민들과 함께 식사하는 것까지 여명학교의 신세를 많이 졌다. 2008년 여명학교가 명동으로 이사 갈 때도 피난처는 고민없이 따라나섰다. 식사시간마다 피난처에서 한참 떨어진 여명학교까지 걸어서 탈북청소년들과 함께 밥을 먹으면 난민 친구들은 이렇게 묻곤 했다.

"간사님, 피난처도 가난한데 왜 우리를 돕는 거예요?"

"가난하면 사랑도 못하냐? 형편이 안된다고 포기하는 것보다 부스러기를 걷어서라도 어려운 사람들을 도와주는 것이 옳지. 피난처는 가난하지만 최선을 다하고 있는 거야."

"네. 가난해도 사랑할 수 있죠! 하하하."

이렇게 작은 것이라도 서로 나누며 의지했기 때문에 피난처에는 아무리 어려운 때라도 온기가 식지 않았다.

내게 왜 그것이 필요한가?

국가의 지원도 없고 취업도 할 수 없어 늘 생계문제와 씨름해야 하는 난민들을 위해 피난처는 '나눔창고'를 시작했다. 비록 변변한 물건은 없어도 나눔창고는 난민들에게 사랑과 도움을 주는 정성으로 운영된다. 후원자들의 기부로 모인 음식이나 생필품들을 피난처를 방문하는 난민들에게 나눠주거나 우리가 직접 가정을 방문해 배달하기도 한다.

사람들이 기부를 많이 하는 연말이면 특별히 송년행사를 마련해 난민들에게 선물을 나누어주려고 애썼다. 자유터와 여명학교의 탈북청소년들도 이날만큼은 봉사를 하겠다고 나섰다. 음식이야 탈북청소년들과 함께 만들어 대접하면 되지만, 난민들에게 위로가 될 선물이 문제였다.

2006년 송년의 밤에는 용기를 내어 이랜드 복지재단에 연락해서 피난처를 소개하고 물품을 기증해달라고 부탁했다. 마침 이랜드에서 운영하는 할인마트에 진열돼 있던 생활용품들을 교체할 시기여서 그것들을 받을 수 있었다. 이랜드에서는 선물쎄트가 아니라서 미안하다고 했지만, 급박하게 탈출하느라 생필품을 챙기지 못한 난민들로서는 오히려 더욱 반가운 물건들이었다.

그런데 그냥 배분하기에는 너무도 종류가 다양했고 값비싼 제품도 끼여 있어 어떻게 나눠줄지가 고민이었다. 그래서 경매를 하기로 했다. 물건을 앞에다 놓고 이것이 필요한 사람들은 왜 그것이 필요한지를 설명하여 박수를 많이 받는 사람에게 선물하는 방식이었다. 내가 한국어로 사회를 보았고 영어와 불어 통역자를 세워 경매를 진행했는데, 마치 국제경매장과 같은 장관을 이루었다.

고급도자기 접시나 식기쎄트는 지원자가 별로 없었는데, 보기에도 고가인 황토매트에는 여러 친구들이 몰렸다. 방글라데시 줌머족인 니킬은 "나는 총각인데도 요즘 들어 허리가 아프다, 잘 치료해서 장가가려면 이것이 내게 꼭 필요할 것 같다"고 호소했으나, 더 나이가 많은 노총각 노처녀 난민들에게 "아직 멀었다, 내 나이 되려면 좀더 있어야 한다"는 야유만 받고 물러서야 했다.

출입국관리소에 몇개월째 갇혀 있다 피난처가 보증을 해서 치료차 출감한 방글라데시 친구는 늘 우울하고 비관적이라 우리의 가슴을 아프게 했는데, 그런 그가 황토매트 경매에 참여해 "관리소에 있었더니 몸이 안 좋아졌다. 내가 다음달에 다시 그곳에 들어가야 하는데 그때 가지고 가면 좋겠다"며 이야기했다. 그에게 동정표가 몰리는가 싶었는데, 그때 아프리카 난민들이 "관리소에는 이걸 못 가지고 들어간다"며 이의를 제기했고, 우리 모두는 맞는 소리라며 크게 웃었다.

네팔의 50대 아저씨는 한국말로 "나 늙은 사람이오. 아이고 허리 아파" 하며 몸짓을 꾸며내 모두를 웃겼고, 옆에서 위기감을 느낀 아프리카 아저씨는 "여기 모든 사람들은 황인종이고 나는 흑인입니다. 나는 아프리카에서 왔습니다. 아프리카는 여러분들 나라보다 훨씬 덥습니다. 그래서 내겐 한국이 너무 추워요. 내게 주세요. 갓 블레스 미(God bless me)!"라며 코믹스럽게 동정을 이끌어냈다.

그것을 지켜보던 유일한 홍일점 아프리카 여성은 "나는 허리도 아프고, 나이도 들었고, 아프리카에서 왔으며, 특별히 여성입니다. 오호호 부탁드립니다" 하고 애교 섞인 윙크까지 날렸다. 결국 그날 모인 70여명의 난민들이 몰표를 보내 그 여성이 황토매트를 탔고, 함께 응모한 모든 경쟁자들의 뜨거운 박수도 받았다.

물품 중에는 선물로 주기 민망한 변기커버도 있었다. 혹시 필요한 사람이 있나 해서 경매에 부쳤더니, 아프리카 우간다에서 온 여성이 용감하게 "저는 여성인데요. 우리집 화장실 너무 차가워요. 여성은 몸을 따뜻하게 해야 하는데…… 몸에 안 좋을까 걱정돼요"라고 말해 남성들의 표를 얻어 낙찰되었다.

수건에서부터 그릇, 커튼, 목욕용품 등 값이 비슷하고 양이 많은 것들은 정성들여 포장해서 나눠주었다. 선물도 받고 재미

있는 경매도 해서 난민 친구들은 오랜만에 즐거운 시간을 가졌다.

난민 친구들을 위해 자원봉사했던 자유터와 여명학교의 탈북학생들은 "매일 도움을 받다가 다른 사람을 도와주니 더 보람되네요. 그분들이 웃는 것을 보니 정말 행복해요"라며 베풀면서 더 행복해지는 비밀을 깨달았다고 이야기했다.

한국애들이 저보고 연탄, 까마귀래요

세계 난민의 날 행사와 나눔창고 외에도 피난처는 젊은 활동가들이 모여들면서 난민을 위해 할 수 있는 새로운 봉사활동을 개척해나가고 있었다. 그중 하나가 아이들을 위한 활동이었다. 난민들은 피난처에 상담을 하러 오면서 때때로 어린 자녀들을 데리고 왔다. 외국인노동자들은 혼자 돈을 벌러 오는 데 반해, 난민들은 핍박당할 염려가 있는 가족 모두가 함께 탈출하는 경우가 많았다. 또한 가족 중 한명이 난민인정을 받으면 가족 모두가 함께 난민지위를 얻을 수 있었다.

그런데 간혹 부모가 탈출과정에서 아이를 낳는 경우가 있다. 우리나라에서 아이를 낳아도 '속인주의'(출생시 부모의 국적에 따라 국적을 결정하는 원칙)로 인해 한국국적을 부여받을 수 없고, 그렇다고 박해받는 본국이나 대사관에 출생신고를 할 수도 없어서 대부분의 난민 자녀들은 사실상 무국적상태에 놓여 있다. 피난처의 간사들과 인턴들은 이 국적 없는 가엾은 아이들을 잘 돌봐주고 예뻐해주었다. 어른들의 가슴 아픈 이야기로 피난처가 어두워질 때도 아이들의 웃음소리 덕분에 기쁨이 새로 솟아나기도 했다.

콩고난민 중 미녀 삼총사 크라우디아, 마리스, 비비안은 서로 친했고, 각자 10개월, 15개월, 20개월의 자녀들을 두었다. 그들이 어느날 난민인정 절차를 상의하러 아이들을 데리고 왔다. 그 아이들과 한참을 놀아줬는데 배가 고팠는지 아이들이 울기 시작했다. 아무리 달래도 계속 칭얼거리자 거구의 엄마들이 쿵쾅쿵쾅 걸어오더니 솥뚜껑만한 손바닥으로 아이들을 때리기 시작했다. 아이들은 철썩 소리와 함께 더 크게 울었고, 놀란 나와 인턴들은 아이들을 업고 밖으로 나갔다. 잠시 아이들을 진정시킨 후에 들어와서 말했다.

"엄마들아, 애기 우니까 쭈쭈 좀 주라. 밀크 말이야."

엄마들은 일제히 가방에서 바나나를 꺼냈고, 10개월 된 아이에게는 어른들이 먹던 밥에 물을 말아주었다.

"10개월 된 애기가 어떻게 밥을 먹니?"

"아, 언니 괜찮아."

"안돼."

"엄마 먹어 괜찮아, 아기 먹어 괜찮아. 없어 못 먹어, 그게 빅 프러블럼(big problem)이야……"

"그래도……"

"아, 언니, 한국애기 안 괜찮아, 콩고애기 괜찮아."

그녀는 아무렇지도 않다는 듯이 계속 밥을 먹였다. 유심히 보니 나이 어린 아프리카 엄마들은 난민생활로 힘들고 지쳐 있었고, 모든 일에 있어 자신이 겪은 최악의 경험이 판단의 기준이었다.

한편 코트디부아르에서 온 여덟살 마틸라는 무척 개구쟁이였다. 다행히 마틸라는 집 근처 초등학교의 배려로 학교에 진학할 수 있었다. 어느날 마틸라가 엄마 따라 피난처에 왔기에 학교에 가니까 재미있느냐고 물었더니 시무룩하게 이야기했다.

"학교에 가서 좋긴 한데요. 한국아이들이 저보고 연탄, 까마귀라고 놀려요."

"어? 그래서 어떻게 했어?"

"처음에는 때려주다가 선생님한테 혼나서 지금은 아무 소리 안해요."

"그럼 친한 친구는 없어?"

"애들이 잘 놀아주지 않아요. 내 짝이 여자인데요. 걔만 놀아줘요. 근데 걔도 곧 전학 간대요."

아이들은 어려서 순진하기도 하지만 느낀 그대로 표현하고 놀리기도 잘한다. 우리 아이들도 그랬다. 우리 부부는 사회운동을 하면서 아이 둘을 낳게 되었다. 큰아들 시헌이는 난민 친구들이 좋아하기도 하고 시헌이로 인해 분위기도 부드러워져서 우리가 곧잘 데리고 다녔다. 그러나 둘째인 가연이까지 데리고 다니면 전혀 일을 할 수 없어 현장에 데려온 적이 없었다.

가연이가 네살 되었을 때 난민 송년의 밤을 준비하기 위해 처음으로 가연이를 데리고 갔는데, 새파랗게 질린 가연이가 부엌에 들어와서는 나가려고 하지 않았다. 곧이어 쏠로몬이 가연이를 따라 부엌으로 들어오자 가연이는 소리를 지르며 도망다녔고, 오빠 시헌이가 와서야 겨우 진정하며 하루종일 오빠 뒤만 졸졸 따라다녔다.

"가연아, 쏠로몬이 친해지고 싶어서 그러는데 왜 그렇게 도망다녀?"

일을 대충 마치고 가연이를 달래봤지만 아무 말도 하지 않았다. 그런데 저녁에 집에 와서 할머니를 보자마자 가연이가 울먹이며 이렇게 말하는 것이었다.

"할머니, 오늘 까만 게 다섯마리나 있었어…… 앙앙……"

"응? 이게 뭔 소리냐?"

생각해보니 가연이는 처음으로 흑인아이를 본 것이었고, 큰 눈을 깜빡거릴 때마다 보이는 하얀 눈자위가 몹시 무서웠던 것이다. 그날 밤 가연이는 잠자면서도 "할머니, 할머니, 까만 게 나 잡으러 와, 다섯마리나" 하며 끙끙 앓았다.

가연이의 모습을 보며 친구가 되어주지 못하는 우리 아이들을 위해, 그리고 친구가 없는 난민아이들을 위해 이들이 함께 할 수 있는 프로그램이 필요하다고 느꼈다. 이호택 대표도 토요일만이라도 난민아이들을 우리가 맡아서 부모들이 쉴 수 있도록 해주자고 제안했다. 부모의 스트레스가 아이들에게도 고스란히 전해져 모두 힘들어하고 있었다.

난민아이들을 위한 주말학교인 '열국아이학교'는 그렇게 시작되었다. 아이들에게는 교육을, 엄마들에게는 휴식을 주자는 취지였다. 아이들이 공부하는 동안 엄마들은 일주일에 한번 따로 모임을 가졌다. 열국아이학교는 대성공이었다. 아이도 엄마도 선생님들도 열국아이학교를 통해 큰 기쁨과 보람을 얻었다.

모든 일이 그렇듯, 시작이 미약할지라도 그것이 옳고 선한 일이면 돕는 사람들이 생기게 마련이다. 피난처가 낙성대 주변에 있을 때는 광동교회가 열국아이학교에 큰 도움을 주었고, 명동으로 이사 와서는 높은뜻숭의교회가 도움을 주었다. 우리는 토요일마다 미술치료, 음악, 체육, 한글 등 아이들의 눈높이에서 다양한 프로그램을 기획했고, 간사와 자원봉사자의 자녀들도 함께 참여하도록 했다.

그리고 한달에 한번 높은뜻숭의교회 청년들의 헌신으로 농장체험이나 전통문화 체험과 같은 문화체험도 할 수 있었다. 아이들을 위해 시작된 프로그램이었지만, 힘겨운 난민생활에 지친 부모들에게 더 큰 위로가 되었다.

이 아이들의 웃음소리가
더 크게 울려퍼질 수 있기를……
온세상이 이들에게
따뜻한 피난처가 될 수 있기를……

난민이 하고 싶은 이야기, 우리가 듣고 싶은 이야기

　난민들은 억울하고 비참한 일을 겪었기 때문에 할말이 아주 많지만, 그들의 말에 귀 기울여주는 사람은 거의 없다. 그래서 그들은 이야기할 기회가 찾아와도 너무 할말이 많아 횡설수설하다 기회를 제대로 활용하지 못하거나 우리가 받아들이기 힘든 잔혹한 실상을 보여줌으로써 오히려 사람들의 눈을 돌리게 하는 경우가 있다.

　한번은 방글라데시 정부군이 소수민족 여대생들을 강간한 후 살해한 사건이 일어났다. 이 사건을 한국에서 듣게 된 방글라데시 줌머인들은 한남동 방글라데시대사관 앞에서 시위를 하려 했다. 피난처는 옆에서 모든 과정을 도왔고, 나도 여명학교 수업을 마치고 시위준비를 거들러 피난처로 갔다. 그런데 제작되는 피켓을 확인해보니 차마 눈뜨고 볼 수 없는 끔찍한 사진들이 전시돼 있었다.

　"로넬씨, 이 사진은 너무 끔찍해요."

　"우리 줌머족의 여대생 갈파나가 정부군에게 살해당한 사진이에요."

　"그래요. 한국인들이 이 사진을 보고 여러분이 얼마나 큰 고통을 겪고 힘들었는지 알 수 있겠지만 이건 좀……"

　"왜요? 우리는 이렇게 당하며 살아요. 거짓말이 아니란 말이에요."

"제가 예전에 외국인노동자들의 산업재해를 알리려고 길거리에 사진을 전시한 적이 있어요. 그때 산재로 죽은 외국인노동자의 시신과 팔다리 잘린 사진을 전시했는데 아무도 보지 않고, 오히려 사람들이 제게 화를 내더라구요."

"왜요? 왜 화를 내요?"

"대부분의 한국사람들은 죽은 사람을 볼 기회가 많지 않아요. 언론에서도 끔찍한 사진들은 보여주지 않구요. 그리고 볼 권리도 있지만 보지 않을 권리도 있잖아요? 아무 준비 없이 너무 잔인한 사진을 보는 것은 폭력을 당한 것처럼 충격적인 거죠. 저도 그때 안타깝고 속상했는데, 생각해보니 제게 화를 냈던 사람 말도 맞더라구요. 우리도 북한사람들의 실상을 보여주려고 두만강의 시체 사진들을 많이 찍어왔는데 결국 하나도 쓰지 않았어요."

"어렵네요. 우리 이야기를 어떻게 한국사람들에게 전달해야 할지 모르겠어요."

"단계적으로 해봐요. 먼저 사람들의 마음을 사고 그 사람들 눈높이에서 이성적으로 설명하는 거죠. 그리고 원하는 사람이나 잘못 알고 있는 사람에게 실상을 보여주는 거예요."

"갇히고 탄압당하는 최악의 상황에서 사진 한장 가져오기도 힘들었는데 그나마도 마음대로 보여줄 수 없으니……"

나는 그의 말에 아무 말도 할 수 없었다. 그들의 이야기 뒤에는 우리가 상상하는 것보다 더 큰, 차마 보여주지 못할 상처들이 있다. 어떻게 하면 그 거대한 상처를 일부나마 보여줄 수 있을까? 들리지 않는 그들의 목소리를 한국사람들에게 전달할 수 있는 방법이 없을까? 우리 부부는 함께 고민했다.

"여보, 난민들이 자기 이야기를 너무 사실적으로 전달하니까 오히려 사람들이 믿지 않는 것 같아요. 보여주는 수위를 조절해야 할 것 같아."

"나도 그렇게 생각했지."

"그런데?"

"나도 노골적으로 보여주기보다는 난민들의 이야기를 문화적인 방법으로 제대로 전달하려고 애썼어. 지금도 한국인의 문화적인 코드에 맞춰 풀어내려고 창의력을 동원하고 있고……그런데 얼마전 라이베리아 난민이 사진들을 보여주기에 이거 너무 끔찍해서 다른 사진을 써야겠다고 말했어. 그랬더니 한참을 말없이 쳐다보더군."

"왜? 그 사람을 위해서 말한 건데……"

"그 사람은 '당신 전쟁터에 가봤냐? 전쟁터에선 양심이나 인권 그런 것은 없다. 나는 그런 일을 겪은 사람이라 이렇게 할 수밖에 없다. 그리고 우리가 아무리 웃으면서 말해도 우리가 겪은 일은 이런 끔찍한 일들뿐이다'라고 이야기하더군. 그러니 나도 미안해서 할말이 없었지."

이처럼 피난처를 비롯한 시민사회단체들은 사람들의 관심

을 끌고자 기발한 아이디어를 동원한 다양한 캠페인들을 진행한다. 사회운동에서 중요한 것은 최소한의 노력으로 최대한의 결과를 끌어내 소외당한 사람들, 억울한 사람들을 돕는 것이기 때문이다.

하지만 난민들을 도우면서 때로는 그들의 목소리가 우리 목소리 뒤에 가려져버리는 것은 아닌지 반성하게 될 때가 있다. 난민들이 하고 싶은 이야기가 아니라, 우리가 듣고 싶은 이야기, 또는 필요한 이야기만 하도록 강요하는 것은 아닐까. "많은 사람들이 거부감없이 이들의 이야기를 접하면서 사회적 운동을 일으키는 것이 결국 그들을 돕는 것"이라는 의미를 부여하면서 말이다.

일반사람들의 관심을 끌기 위해 때때로 난민들의 상처와 눈물을 예쁘게 포장해야 할 때도 있다. 먹고살기 힘든 세상에서 누가 지구촌 먼 곳에서 일어나는 처참한 현실에 눈 돌리고 싶겠는가. 그래서 사회운동에 '오락'을 가미해 재미있고 매력적인 활동을 벌이려고 노력한다. 우리의 도움이 절실한 난민들은 어쩔 수 없이 따라오지만, 포장된 상처를 바라보는 그들의 마음은 더없이 서글플 것이다.

우리가 궁극적으로 목표하는 것은 어쨌거나 난민들이 자기 목소리를 내도록 도와주는 것이다. 점차 우리 이야기에 귀 기울이는 사람들이 많아질수록 난민들에게 진짜 하고 싶은 이야기를 하게 하는 것, 그들의 이야기를 있는 그대로 들어주고 작은 위로를 해주는 것. 피난처는 그날을 위해 오늘도 난민들의 이야기를 조금씩 세상에 전하고 있다. 대다수의 한국사람들과 난민들 사이에 놓여 있는 장벽이 곧 허물어질 것이라는 믿음 하나로.

더 많은 사람들이
난민들에게 귀 기울이는 그날까지
우리의 이야기는 계속될 것이다.

2장
난민과
함께 꾸는
꿈

제2의 욤비들에게 신뢰를

비록 지금은 돌아갈 수 없으나 난민들에게도 고향이 있다. 언젠가 그들은 그곳으로 돌아갈 것이다. 그때까지 한국은 그들에게 훈련의 땅이요 또다른 고향이다. 우리가 그들을 대하는 태도는 그대로 그들이 기억하는 한국의 모습이 될 것이다. 그리고 그들은 한국에서 배운 대로 고향에서 살아갈 것이다.

아프리카 콩고 출신의 욤비는 내가 가장 아끼고 자랑스러워하는 난민 친구다. 그는 나의 콩고 방문을 통해 얻은 증거에 힘입어 김한주, 김종철 변호사가 수행한 행정소송 끝에 난민지위를 얻었다. 어렵사리 얻어낸 결과였다. 욤비는 2002년 11월 난민신청 후 5년 동안이나 난민인정 문제와 씨름해야 했다.

우리가 욤비를 처음 만난 것은 2003년 12월 송년모임이었다. 그는 콩고의 고위 국가정보요원으로서 대통령을 비판하는 여론조사 보고서 작성과 야당활동이 문제되어 감옥에 수감되었다가 어렵게 탈출했고, 그의 과거행적에 관한 신문기사도 여러 건 갖고 있었다. 우리는 그 정도 증거라면 쉽게 난민지위를 인정받을 것으로 생각했다. 하지만 예상과 달리 그의 난민신청은 불허되었다.

거기에는 세가지 원인이 있는 듯했다. 하나는 정보기관에 근무했던 그가 과도하게 예민해져 면담에서 자신이 진술한 내용에 대해 한국정부가 비밀을 유지해줄 것인지 확신을 갖지 못했다. 또한 자신의 사건정보가 콩고정부에 유출되어 탈출을 도운 사람들이 해를 입을까봐 탈출일시 및 경로를 거짓으로 진술했는데, 이것이 진술의 신빙성과 일관성을 의심스럽게 한 것이다. 둘째는 불어를 모국어로 사용하는 그가 영어로 인터뷰를 진행해야 했기 때문에 통역과 의사소통에 어려움이 있었고 진술한 내용이 제대로 전달되지 못했다. 무엇보다 가장 큰 원인은 그의 기사가 실린 신문을 가져와도 아프리카 신문기사는 돈만 주면 만들 수 있다며 믿지 않은 당국의 황당한 의심이었다.

박해의 위험에서 황급히 탈출해야 했던 난민들은 모든 것을 제대로 파악하거나 기억할 수 없다. 또한 탈출을 위해서는 여권 위조는 물론 자신의 신분을 속이거나 탈출을 도운 동료들의 안전을 위해 거짓말을 하는 등 비정상적인 방법을 동원할 수밖에 없다. 따라서 난민들의 비정상적인 상황 자체가 그들에게는 지극히 정상적인 것이다.

위조서류나 불법조직에 의존할 만큼 출국에 어려움을 겪었다는 것은 그 자체로 국적국이 해당난민을 박해하고 있다는 유력한 증거가 될 수 있다. 따라서 난민은 생존을 위해 출국에 필요한 서류를 위조하거나 자신의 신분을 밝힐 수 있는 서류를 폐기하는 등 불법적이고 비정상적인 행동을 할 수 있음을 이해해야 한다.

게다가 통역과 의사소통이 불완전한 상황에서 진술의 앞뒤가 틀어지고 모순이 일어나는 것은 당연한 일이다. 가장 중요한 것은 과거에 일어난 일에 대한 지엽적인 설명이 아니라, 장차 돌아가면 박해받을 우려가 있을지 그 가능성을 검토하는 것이다. 그런데도 함께 일한 동료들의 이름 스펠링이 틀렸다는 둥 진술의 순서가 틀렸다는 둥 여권 위조과정의 설명이 모호하다는 둥, 당국의 의심은 끝이 없었고, 그 과정에서 욤비는 점점 지쳐가고 있었다.

욤비의 신사적인 면모와 성실성에 매료된 나는 그의 난민인정 절차를 돕고 싶었다. 증거수집을 위한 아프리카 방문이 기획되었고, 2년을 도모한 끝에 기회가 찾아왔다. 수도 킨샤사의 국제관문 일질리공항은 시골 터미널과 같았다. 트랩에서 내려 터미널 앞으로 걸어가자 입국심사대에 도착하기도 전에 국가정보기관 요원들이 승객들을 한 사람씩 심문했다. 욤비는 이번

방문이 난민문제와 연관되어 있는만큼 공항에서의 심문절차가 염려되어 동료 정보요원에게 나를 맞이하러 공항에 나오라고 부탁해두었다. 그러나 부탁을 받은 정보요원은 이 일에 연루되는 것이 두려워 공항에 나오지 않았다.

나를 마중 나온 욤비의 동생은 공항에서 만나기로 약속한 정보요원이 나타나지 않자 실망하고 당황했다. 그러나 작은 기적이 나를 기다리고 있었다. 뜻하지 않게 면식이 있는 다른 정보요원을 만난 것이다. 모험이었지만 그에게 도움을 요청해보기로 했다. 놀랍게도 그는 욤비가 체포되어 수감되던 날 그 감옥을 지키던 경비대장이었고, 욤비를 잘 알고 있을 뿐 아니라 도울 마음이 있었다. 그 역시 국가정보기관에서 일하고 있지만, 현 대통령이 아닌 장-삐에르 벰바(Jean-Pierre Bemba)를 지지하는 MLC라는 야당의 당원이었던 것이다. 욤비에 대한 그의 증언은 욤비에게서 들은 진술과 거의 일치했다. 나는 그의 증언을 녹음했고 그로부터 증인진술서를 받았다. 이것만으로도 충분해 보였고, 방문목적은 거의 이뤄진 것이나 다름없다는 안도가 밀려왔다.

그런데 그는 한술 더 떠 욤비가 체포되어 조사받았던 심문조서가 필요하다면 복사해올 수도 있다고 했다. 그 말을 듣고 나는 거의 넋이 나갔다. 필요하다면이라니…… 필요하고말고. 아니, 어떻게 그 귀한 자료를 필요하면 복사해줄 수 있다고 아무렇지도 않게 말할 수 있단 말인가. 만난 지 하루밖에 안된 나 같은 외국인에게…… 절대적으로 필요한 그 자료를 구할 수 있다는 말에 나는 흥분을 감출 수 없었다. 아! 심문조서를 구하다니. 그것만 있으면 증명은 다 되고도 남은 것이 아니겠는가!

과장이 아니었다. 이틀 후 그는 복사된 문서를 가져왔고, 내용을 보니 욤비에 대한 심문조서가 맞았다. 하나님 감사합니다. 기록을 관리하는 공무원이 친척이라 그에게 부탁하여 위험을 무릅쓰고 복사해온 것이라 했다. 이로써 나의 콩고 방문은 기적적으로 성공했다. 여유로운 마음으로 다른 증인들을 만나 증언을 채취하고, 신문사에도 들러 욤비에 관한 기사가 게재되었던 과월호 신문을 구입했다. 학교에도 다니지 못하고 소굴 같은 움막집에 숨어사는 욤비의 아이들의 초췌한 모습과 내 발 앞에 무릎꿇고 남편의 안전을 탄원하던 부인의 눈물은 마음속에 무겁게 남았지만, 한국으로 돌아오는 나의 발걸음은 가벼웠다.

돌아오자마자 모든 자료와 증거들을 정리해 법무부에 제출했다. 증거가 확실했기에 당연히 이의심사에서 욤비에 대한 난민인정 결정이 나올 것이라고 기대했다. 그러나 당국은 또다시 의심했다. 국가정보요원이 어찌 그리 쉽게 공문서를 복사해줄 수 있느냐는 것이다. 그리고 컴퓨터나 타자기를 구경하기 어려운 콩고의 환경은 고려하지 않은 채, 손으로 쓴 것을 보니 심문조서로 보기 어렵다고 단정하기도 했다. 아니, 그럼 본국에 돌아가 처형되는 것이라도 보여주란 말인가. 도대체 뭘 얼마나 더 보여주어야 믿어줄 것인가. 의심스러울 때는 신청자에게 유

이 땅에서 '난민'이라는 이름을 얻기란
하늘의 별따기만큼이나 어렵다.
지금도 수많은 난민들이
피난처를 갈구하며
고달픈 나날을 보내고 있다.

리하게 해석하라는 원칙(benefit of the doubt)은 온데간데없었다.

과도한 의심은 우리를 안전하게 지켜주기보다는 서로를 고립시켜 모두를 피폐하게 하지 않을까. 모든 분쟁은 신뢰의 결핍에서 비롯되고, 난민들은 그 분쟁과 의심의 피해자로 한국에 왔는데, 이곳에서까지 기나긴 의심의 터널을 통과해야 한다면 그들의 지친 영혼은 어디서 위로받고 회복될 수 있을까.

결국 욤비는 지난한 소송을 거쳐 어렵게 난민인정을 받았지만, 아직도 한국에는 수많은 '욤비'들이 난민인정을 기다리고 있다. 한국이 의심을 풀고 신뢰의 땅으로 난민들에게 기억되기를, 우리가 난민들에게 먼저 신뢰를 보냄으로써 상처난 세상을 치유하는 출발점이 되기를 간절히 바랄 뿐이다.

아프리카의 분쟁을 막을 지도자

욤비는 당분간 한국에서 난민으로 살겠지만, 조만간 고국에 돌아가 아프리카의 큰 지도자가 될 것이다. 그는 원래 교육학을 전공한 선생님이요, 경제학과 정보학을 전공한 인텔리로서 국가 고위정보요원으로 근무하다 정치난민이 되었다. 그러나 한국에 난민으로 온 그가 이곳에서 할 수 있는 일은 3D업종의 육체노동밖에 없었다. 그나마도 다른 생계방법이 없어 불법으로 취업하고 있는 형편이었다.

그는 한때 가평의 사료공장과 의정부 제사공장에서 일했다. 2007년 4월, 나는 친구 욤비가 생활하고 있는 제사공장을 한번 찾아가보기로 했다. 늘 마음은 있지만 거리 때문에 쉽게 옮기지 못하던 발걸음이었다. 사장님의 양해를 얻어 일터와 숙소를 둘러본 뒤 나는 사장님께 욤비는 내가 가장 사랑하고 아끼는 친구요, 내가 아는 난민들 가운데 가장 진실하고 성실한 사람이라고 이야기했다. 사장님이 잘 이해하지 못하시는 듯해서, 그는 난민이며 박해 때문에 한국까지 왔고 장차 고국으로 돌아가면 지도자가 될 인물이라고도 설명했다. 그런데 뜻밖이었다. 사장님의 반응은 너무나 의외였다.

"당신도 참 한심하오. 그 새끼 게으르고 무책임하고 형편없는 놈이오. 뭐 하러 그런 놈들 위해 이런 데까지 찾아다니시오? 차라리 다른 일에 시간을 쓰시지."

"네? 사장님, 무슨 문제가 있나요? 오해가 있나봅니다. 욤비는 그런 사람이 아닌데요."

"일을 못하는 건지 안하는 건지 엄청 느리고, 항상 실수하고, 실수한 뒤에 혼나도 뒤통수 몇번 긁고 나면 또 마찬가지니…… 이런 한심한 놈이 무슨 지도자요?"

"………"

무거운 발걸음으로 돌아오며 나는 생각했다. 그가 있을 자리는 여기가 아니구나. 그는 훌륭한 정치인이요 지식인일지는 몰라도 사장님이 기대하는 좋은 노동자는 될 수 없구나. 몸은 분

주히 돌아가는 제사공장 기계와 실타래 앞에 쭈그려앉아 있어
도, 그의 생각은 어느새 토굴 같은 움막에 은신하고 있는 아내
와 아이들 곁으로 날아가 있을 터였다. 그의 정신은 분쟁으로
시달리는 콩고를 품고 영혼은 광활한 아프리카를 누빌 테지만,
현실은 빗나간 실타래요 호통하는 사장님이다.

난민들에게도 하고 싶은 일과 할 수 있는 일이 있다. 그들의
출신과 언어, 지식, 경험, 문화에 맞는 일거리가 주어져야 한다.
나는 그가 당장 공장에서 나와야 한다고 생각했지만, 찾아보
니 막상 갈 곳이 없었다. 결국 그는 피난처에서 콩고와 아프리
카를 위한 캠페이너로 일했고, 김한주, 김종철 변호사의 도움
으로 난민지위를 얻어 NGO학을 공부한 뒤 국제 NGO활동가가
되었다.

콩고민주공화국의 비참한 현실은 32년간의 모부투(Mobutu)
독재와 1998년부터 지속되어온 내전, 그리고 이를 이용한 주변
국들의 침략에서 비롯되었다. 국내외 무장세력들의 학살로 400
만 이상의 민간인들이 숨졌고 200만 이상이 난민으로 지내며,
하루 1천명 이상이 숨지는 상황이 오늘도 이어지고 있다.

욤비는 이 어지러운 나라를 회복시켜 짊어지고 갈 일꾼이요
지도자다. 그가 한국에 머무는 동안 자신과 가족의 생존문제로
허덕이지 않고, 조국의 미래를 위해 일할 수 있도록 지원하는
것은 아프리카를 위해 우리가 할 수 있는 가장 직접적이고 효
과적인 도움이 되지 않을까.

그들도 도울 수 있다

난민은 일시적으로 도움이 필요한 사람들일 뿐이다. 언제나 도움이 필요한 것이 아니며, 그들 또한 우리를 도울 수 있고 특히 다른 난민들을 돕는 사명자가 될 수 있다.

2003년부터 법무부와 법원의 판결로 난민인정을 받기 시작한 한국의 버마난민들은 자신의 안전보다 조국의 민주화를 위해 헌신해온 대표적 난민그룹이다. 이같은 일꾼들에게 난민지위를 부여하는 것은 그들로 하여금 스스로 설 수 있도록 해줄 뿐만 아니라 조국과 다른 사람을 도울 수 있는 토대를 제공하는 일임을 보여준 하나의 사건이 있었다.

2004년 6월 7일, 피난처는 우리와 함께 일하는 미국인 활동가 팀 피터스로부터 급박한 소식을 들었다. 6월 3일 밤 10시경, 중국에서 버마로 탈출하던 유병수씨를 비롯한 11명의 북한난민들이 국경 인근 경찰에 체포되었다는 연락이었다. 가장 걱정되는 것은 이들이 다시 국경으로 추방되어 중국정부에 의해 북한으로 강제송환되는 상황이었다. 일반적으로 국경 가까이에서 체포된 밀입국자는 체포 즉시 추방되므로 그들이 국경을 넘었더라도 대단히 위험했다.

나는 탈북자들의 소재를 찾고 구출할 방법을 고민했다. 한국인 활동가들이 탈북자들의 탈출을 돕다가 문제가 생긴 것이라면, 행방 파악이 가능하고 현지에도 사고를 수습할 협력자들이 있기 때문에 문제해결의 방향을 어느정도 가늠할 수 있다. 그러나 팀 피터스에게는 탈북자들이 중국에서 버마 북부 만달레이(Mandalay)로 가는 길에 체포되었다는 것 외에는 아무런 정보가 없었고, 그래서 나에게 도움을 요청한 것이었다. 탈북자들이 체포된 버마는 만만치 않은 군부독재국이고, 탈출루트 역시 소수민족과 반군들이 장악하고 있어 위험했으므로 마땅한 방법이 생각나지 않았다.

그때 우리의 친구인 버마난민들이 떠올랐다. 그들에게 무슨 방법이 없을까? 혹 만달레이 출신이나 그곳에 영향력을 행사할 수 있는 난민들이 있지 않을까? 막연한 기대였지만, NLD 한국지부의 친구들에게 버마에서 체포된 탈북난민의 소식을 알리고 도움을 요청했다. 채 몇시간도 걸리지 않았다. 버마난민들로부터 온 회답은 그 자체로 그들의 열정과 능력, 그리고 기적을 보여준 사건이었다.

버마난민들은 본국 친구들을 통해 탈북자들이 체포된 경찰서뿐 아니라 담당경찰과 연락할 수 있는 전화번호까지 알아내주었다. 즉시 버마 주재 대한민국영사관에 영사비상전화로 전화를 걸어 현지상황과 전화번호를 알리고 영사의 보호와 개입을 요청했다. 밤 10시가 다 된 시간이었지만 외교통상부 본부에도 전화를 걸어보았다. 놀랍게도 담당직원이 전화를 받았다.

구조된 탈북자들을 통해 나중에 전해들은 바로는 그때 우리

영사의 즉각적인 개입이 있었고, 영사의 도움으로 중국으로 추방되는 대신 한국으로 올 수 있었다고 한다. 이 글을 빌려 자신의 일처럼 북한난민들을 도와준 버마난민들과 즉각적인 개입으로 국민을 살린 담당영사와 외교공무원에게 감사의 인사를 전한다.

꿈꾸는 난민들

주변에는 공부하고 싶어하는 난민들이 많다. '난민 주제에 무슨 공부? 등록금은 있어?' 사람들이 쉽게 떠올리는 생각일 것이다. 피난처 난민활동이 처음 시작된 2003년 무렵, 우리에게는 사무실도 전임활동가도 없었다. 어렵사리 대림동에 6평짜리 지하창고를 얻어 피난처 사무실 겸 자유터학교 겸 탈북자와 난민들의 사랑방으로 사용하기 시작했다. 난민활동이 조금씩 알려지자 가끔씩 기자들이 찾아왔다. 나는 이 기회에 난민들의 어려움과 한국 난민제도의 문제점을 알려야겠다고 생각했다.

내가 생각하는 가장 심각한 문제점은 난민심사 기간이 너무 길고 그동안 생계지원도 하지 않으면서 취업마저 금지해 난민신청자들이 먹고살 길이 없다는 점이었다. 마침 사랑방에 머물고 있던 마태라는 난민에게 취재에 응하도록 부탁했다. 나는 그의 입을 빌려 이 말을 하고 싶었던 것이다. '난민신청자들에 난민에게도 꿈이 있다.
배우고 싶은 꿈,
가르치고 싶은 꿈,
자유와 평화를 찾고 싶은 꿈……

게 생계지원을 하든지 취업을 허용해주세요.'

그러나 나의 기대와 달리 그는 공부가 하고 싶다고 했다. '배가 불렀구나.' 나는 인터뷰가 실패했다고 생각했다. 이처럼 난민운동가인 나조차 난민들의 자유, 지적 욕구, 문화적 삶이 빵만큼이나 중요하다는 사실을 깨닫는 데는 오랜 시간이 걸렸다. 그리고 그러한 욕구들이 작은 노력과 배려로 실현될 수 있다는 것을 체험하는 데는 또다시 얼마간의 시간이 필요했다.

나이지리아 출신의 체프도 생존문제로 하루하루 힘들어한다. 그도 난민신청자로 벌이가 없다. 외국인노동자 쉼터나 성당, 교회에서 잠자리를 해결해야 하고, 교통비나 용돈을 벌기 위해 구걸에 가까운 삶을 살고 있다. 이런 힘든 생활 속에서도 그는 피난처가 운영하는 한글학교에 꾸준히 참여하고 있다. 피난처에서 교통카드 따위를 얻어가며 잠자리와 생활비 문제를 하소연하기도 했으나, 우리도 방법이 없다는 말에 다시는 이 문제를 거론하지 않았다. 그러나 그가 포기하지 않고 무시로 요구하는 문제는 바로 공부하고 싶다는 것이다.

난민으로 인정받은 사람들은 (학비만 해결된다면) 대학에 들어갈 수 있지만, 난민신청자나 인도적 지위자 및 그 자녀들은 한국에서 공부하기 어렵다. 초등학교는 학교장의 재량으로, 중학교는 학칙에 따라 외국인 자녀가 입학할 수 있으나, 의무교육인 초중등학교와 달리 고등학교와 대학에서는 학업을 위한 체류자격이 없는 난민신청자와 인도적 지위자의 입학을 허용하지 않기 때문이다.

우리는 체프에게 대학에서 공부하기 어려운 현실적 한계들을 설명했다. 그리고 이렇게 제안했다. 대학에서는 공부하기 어렵지만 피난처에서 공부할 수 있다. 대학에 들어가려면 수업료를 내야 하지만 피난처에서 가르치면 수업료를 받을 수 있다. 우리가 대학을 만들자. 시민들에게 전쟁과 평화에 대해 알리고, 청소년들에게 나이지리아의 사회·문화·역사를 가르치자. 체프, 당신이 교수, 아니 학장이 되어라. 이 말에 체프의 입이 벌어졌다. 바로 그것이었다. 난민에게도 꿈이 필요하고 미래가 필요하다. 언제까지 재난의 피해자, 수혜자, 구걸자에 머물러 있어야 하는가. 그들 역시 배우고 꿈꾸고 가르치고 싶어했다.

피난처는 꿈꾸는 난민들을 위해 '난민공동체학교'를 열었다. 이곳에서 우리는 난민문제를 연구하고 난민구조단을 만들어 난민구호의 기술을 전수하고 있다. 이곳에서는 난민들이 직접 청소년들에게 학교에서 배우지 못한 아프리카의 사회와 역사를 가르친다. 교실뿐만 아니라 거리로 나가 열린시민교실과 캠페인을 벌이며 분쟁과 평화를 이야기한다.

우리가 경험하지 못한 그들의 역사, 우리가 말하지 못하는 그들의 언어, 우리들이 지고 가지 못할 그들의 미래에 관해서는 그들이 주인이요 선생이다. 이들이 주인과 선생으로서 당당히 설 자리를 만들어주어야 한다. 난민들을 아름답게 하자. 난민의 옷을 벗고 주인이 되게 하자. 난민들로 하여금 자유롭게

꿈꾸게 하자. 난민들을 하루빨리 고향으로 돌아가게 하자. 이것
이 고난당하는 난민들을 향한 우리의 마땅한 사랑이요, 평화를
누리는 자의 책임이다.

난민의 터널을 지난 사람들

피난처에서 운영하는 탈북자 야학인 '자유터학교'의 학생들은 모두 북한을 탈출해 남한에 입국한 북한이탈주민이다. 그들은 중국 등지에서 난민생활을 했고, 한국에서는 외국인노동자와 같은 타문화권자로서 남한사회 적응에 어려움을 겪고 있다. 피난처는 외국인노동자에서 탈북자, 난민까지 많은 사람들을 겪으면서 그 다양한 경험과 상황에서 비롯되는 어려움을 이해하게 되었다.

북한이탈주민의 경우 같은 언어를 쓰기 때문에 한국사회에 적응하기 쉬울 것이라고 생각하지만, 우리가 경험한 바로는 그 반대였다. 우리는 흔히 외국인노동자나 난민들이 말을 못 알아들으면 그들이 외국인이기 때문이라고 생각하며 당연하게 여긴다. 그러나 북한이탈주민이 못 알아들으면 "같은 말을 쓰는데 왜 못 알아듣지?" 하면서 이상하게 생각한다. 예를 들어 난민들은 '이자'라는 한국어를 모르지만 'interest'라고 영어로 이야기하면 그 개념을 이미 알고 있기 때문에 금방 알아듣는다.

그러나 북한이탈주민들은 이자라는 개념 자체를 모르고 또 이자를 내거나 받아본 경험도 없기 때문에 통 이해하지 못한다. 물론 그들은 한국어를 할 줄 알기에 다른 난민이나 외국인노동자와는 비교할 수 없이 빠른 속도로 한국문화를 배우지만, 맨 처음에는 한국에 대해 충분한 사전지식을 갖추고 들어온 동남아 외국인노동자보다 훨씬 더 큰 문화충격을 받는다.

또한 그들에게는 북한에서의 핍박과 제3국에서의 난민경험으로 습성화된 행동들이 존재한다. 보통 난민들은 자국민이나 같은 종족과의 만남을 꺼려한다. 여기서 만난 사람이 자신을 핍박하던 사람들과 연결되어 있을지도 모르고, 또 본국의 가족들에게 영향이 갈까 염려되기 때문이다. 특히 에티오피아인들에게 그런 경향이 강한 것을 느꼈는데, 이들은 대개 처음 만나는 사람과는 아예 말도 섞지 않으려 한다. 북한이탈주민들도 여타 난민그룹보다 심하게 경계하는 편이라 언론이나 기타 공개석상에서 자신들의 신분을 드러내지 않으려 한다.

또한 난민들은 구사일생으로 자기만 겨우 탈출한 경우가 많아 고향에 남겨진 가족들에 대한 걱정이 아주 많다. 특히 가까운 곳에 가족을 두고 온 북한이탈주민들이 그렇다. 가족, 친지와의 연락이 아예 불가능한 때는 차라리 문제를 회피하며 열심히 살다가도, 가족들에게 한번 연락이 오면 패닉상태에 빠진다.

평소 대학에서 열심히 공부하던 민선이가 전화를 걸어왔다.

"선생님, 흑흑…… 북한에서 전화가 왔어요."

"어떻게 알고?"

"흑흑……"

나는 한참을 울게 내버려두다 다시 말을 걸었다.

"니가 연락했어?"

"꾹 참고 열심히 공부해서 성공하면 도와주려 했는데…… 북한이 어려워 다시 굶는다는 기사를 보고…… 또 어버이날이라고 꽃을 달고 지나가는 사람들을 보니……"

"그래서?"

"브로커를 통해 가족과 연락이 닿았는데 엄마가 폐렴으로 많이 앓는대요. 저 어떻게 해요?"

"너 혼자 있으면 안되니까 내일 학교로 와! 그러다 사기당하기도 쉽고 일을 그르치기도 하니까, 알았지?"

다음날 학교에 온 민선이는 종일 멍한 상태에서 전화기를 들고 왔다갔다 불안해하며 먹지도 자지도 못했다. 그렇게 야무지고 열심히 공부하던 아이가 다시 전화가 오기까지 일주일 동안 아무것도 하지 못하는 상태가 지속되었다. 며칠 동안 학교를 나오지 않아 집에 찾아가봤더니 그애는 몸살로 누워 있었다.

"병원엔 갔니?"

"네, 의사는 일없다는데(이상없다는데) 저는 계속 아파요."

"어떻게?"

"밤에 악몽을 계속 꾸고, 온몸에 기운도 없고, 체하고 다리도 후들거리고⋯⋯"

극도의 긴장상태에서 자신이 감당할 수 없는 정신적·신체적 충격을 겪은 아이들은 그 상황에서 벗어난 후에도 몸에 증상이 나타난다. 외상후 스트레스 장애 때문이다. 자신이 난민이 될 수밖에 없는 상황을 그대로 받아들이고 분명한 목표와 꿈을 가져야 열심히 살아갈 수 있는데, 때때로 그 꿈을 이루는 것이 불가능하다고 생각하며 몹시 힘들어한다.

이렇듯 북한이탈주민 역시 한국문화에 적응해야 하는 타문화자인 동시에, 다른 난민들보다 더 심각한 어려움을 안고 있는 난민이다. 무엇보다 그들의 끔찍한 경험과 거기서 비롯된 행동들이 그것을 잘 대변한다. 그들은 난민생활에서 입은 상처를 치유하기도 전에 그들의 표현대로 '제2의 조국'인 한국에 적응하면서 또다른 상처를 받는다. 자유터학교는 그들의 작은 피난처가 되어주고 그들의 상처가 분출될 때마다 옆에서 사랑으로 감싸려고 노력했다. 그런 노력이 이제 결실을 거두고 있다.

"휴, 여기 오니까 살겠구나."

"야, 이렇게 좁고 가난한 곳인데 뭐가 살겠냐?"

"그케도 우리 마음을 알아주는 곳이잖습까? 우리가 이야기하지 않아도 우리 맘을 알아주는 곳 말임다."

"이 녀석아, 밤에 전화해서 울지나 마라. 왜 꼭 새벽 두시에 전화해서 울고 난리야?"

"그게…… 악몽을 꿔서 무서워서리. 그냥 있으면 미칠 것 같고……"

"짜식, 나랑 잠결에 통화한 애들이 모두 돼지꿈 꿨다는 소문 들었구나! 야, 그래도 새벽에 전화해서 사람 잠 다 깨워놓은 담에 '좋은 꿈 꾸세요!'는 뭐냐?"

"그게 우리 공화국에서 제일 예의바른 인삽네다…… 히히."

학력인가를 받지 못했기 때문에 일반학교에 다니는 것처럼 학력을 인정받을 수도 없고 저녁식사 한끼 제공하지 못하는 가난한 곳이지만, 자유터학교는 난민생활을 끝낸 북한이탈청소년과 청년들을 통일을 준비하는 시민으로 키우는 야학으로서 난민학교의 모델이 되기를 꿈꾸고 있다. 자유터학교를 통해 탈북청소년들이 한국사회에 적응하고 자신의 꿈을 키우듯이, 언젠가 고국으로 돌아갈 난민들에게도 미래를 준비할 난민학교의 필요성이 절실한 때다.

난민과 함께하는 친구들

한국이 난민을 돕는 것은 세계 10대 경제국으로서 당연한 책

무다. 일제시대 우리의 민족지도자들은 정치적 망명객이었고, 1950년대 우리 국민 대다수는 난민이었다. 같은 민족인 수십만 탈북난민들이 아시아 각국으로 흩어지는 상황에서, 우리도 한국에 와 있는 외국인 난민들을 도와야 한다.

난민들 중에는 시민의 힘으로 민주주의를 이룬 나라이자 단기간에 경제기적을 달성한 한국을 배워 자신의 나라를 제2의 한국으로 만들고 싶다는 희망을 피력하는 사람들이 많다. 그러나 아직도 많은 사람들이 "물론 난민을 도와야겠지만, 우리나라에도 어렵게 사는 사람이 많은데 남의 나라 식구까지 어떻게 신경쓰느냐?"고 생각하고, "한국은 작고 힘없는 나라이며 단일국가로 외국인이 발붙이고 살기 어렵고, 그들에 대한 교육적 지원과 배려도 쉽지 않으니 난민을 미국이나 캐나다 등 다른 나라로 유도하는 게 낫지 않겠냐"고 조언하는 사람도 많다. 아직은 난민문제가 생소하기 때문에 이처럼 무관심해질 수밖에 없는 것이다.

때문에 난민들과 함께하는 삶의 경험이 필요하다. 무엇보다 중요한 것은 난민과 친구가 되는 것이다. 피난처는 더 많은 사람들이 난민도 우리의 좋은 친구가 될 수 있다는 사실에 공감하기를 바란다. 실제로 많은 사람들이 우리의 활동에 동참하며 이런 사실을 깨닫고, 도움과 격려를 아끼지 않는 좋은 후원자가 되어주고 있다.

수년 전 쿠르드 친구들이 그들의 신년명절인 나루즈 때 상징적 독립선언을 하겠다며 효창공원에서 '쿠르드의 새날'이라는 독립선언식을 했다. 이날 이만열 전 국사편찬위원장이 비오는 궂은 날씨에도 기꺼이 참석하셔서 "지금 여러분들처럼 우리나라에서도 용기를 가진 33명의 사람들이 독립선언을 했습니다"라고 격려해 쿠르드인들이 크게 고무되었다. 아무도 알아주지 않는 쿠르드족의 독립을 위해 이들이 매주 모여 서로 기도할 수 있는 것은 그때의 위로가 컸기 때문이리라.

난민 송년의 날 행사를 시작할 무렵 알게 된 이인호 전 러시아 대사는 추위를 잘 타는 동남아나 아프리카 난민들을 위해 선물을 하고 싶다고 하시더니 겨울점퍼를 사주셨다. 그 인연으로 지금까지 피난처의 각종 행사에 꼭 참석하셔서 난민들을 격려해주신다.

내가 아버지처럼 따르는 홍정길 목사님은 탈북자들을 위한 자유터학교와 여명학교를 세우는 데 중요한 기초를 놓아주셨을 뿐 아니라, 우리 부부가 난민을 위한 일을 시작할 때 아무도 하지 않는 일을 먼저 한다고 칭찬하시며 크게 격려해주셨다. 난민들이 있는 곳이면 그곳이 어디든 그야말로 "묻지도 따지지도 말고 가서 도와야 한다"며 솔선하시는 그분의 모습은 늘 우리에게 감동과 채찍이 되어 난민을 위해 달려가는 길을 쉬지 못하게 한다.

높은뜻교회연합의 김동호 목사님도 잊지 못할 분이다. 그분은 청어람이라는 교회소속 건물을 난민들이 쓸 수 있도록 지원해주셨다. 때때로 난민 자녀들이 소리지르며 놀아 다른 교회모임에 불편을 주어도 너그럽게 이해해주시며 언제든 사용하라고 말씀하신다. 그외에도 난민학교, 열국아이학교, 그리고 난민들이 가장 좋아하는 태권도수업과 명절 프로그램을 할 수 있도록 피난처에 기꺼이 대문을 열어준 여명학교, 광동교회, 교회다움, 세움교회와 최근 상도동에 새로운 보금자리를 마련해준 재영교회, 그리고 무시로 맛있는 음식을 사들고 방문하시는 정연동 목사님, 1%나눔을 실천해주신 나우콤 직원들…… 이분들의 도움이 없었다면 피난처는 여기까지 올 수 없었을 것이다.

하지만 누구보다도 앞장서서 난민의 친구가 되어준 사람들은 여기 이름을 다 적을 수 없는 자원활동가들이다. 난민들이 피난처에서 위로받을 수 있던 것은 바로 진심을 다해 땀 흘리며 일해준 자원활동가들이 있었기 때문이다. 탈북자들이 어렵게 마음을 열고 처음 자유터학교로 몰려든 것도 원어민교사나 고형식 변호사 같은 쟁쟁한 분들이 댓가없이 봉사하는 모습에서 감동을 받아서였다. 피난처는 설립 당시부터 자원활동가 단체였고 지금도 100명 이상의 자원활동가들이 활동하고 있는데, 그들이야말로 피난처의 진정한 후원자요 주인이다.

또 한명, 난민들에게 놀라움과 기쁨을 준 후원자가 있다. 영화배우 신현준씨다. 피난처 자원봉사자 중에서 연예인들을 많이 아는 분이 있었는데, 그분이 여타의 단체처럼 홍보대사를 위촉하자고 제안했다. 피난처는 당시 사단법인도 아니었으며,

우리가 난민을 위해 해준 것은
무슨 거창한 활동이 아니라
그들의 친구가 되어주는
것이었다.

월 100만원 정도의 후원금이 전부인 그야말로 작디작은 비영리 민간단체일 뿐이었다. 예상대로 몇몇 연예인들이 제안을 거절했다고 한다.

그러자 그 자원봉사자는 우리에게 신현준씨를 추천했다. 우리는 신현준씨가 홍보대사가 되어준다면 고맙겠지만 그런 대스타가 이렇게 작은 단체의 홍보대사를 맡을 것이라고는 기대하지 않았다. 게다가 때마침 몰려든 난민들 때문에 어렵게 연결시켜준 매니저와도 연락하지 못했다. 나중에 들어보니 신현준씨 매니저는 단체가 너무 작고 연락도 제대로 안되니 홍보대사를 하지 말자고 했는데 신현준씨가 곰곰이 생각하더니 홍보대사를 맡겠다고 자청했단다.

얼마 후, 신현준씨가 전화를 걸어와 피난처의 난민들을 위해 기쁜 마음으로 홍보대사로 일하겠다고 했다. 2008년 6월 20일, 난민의 날에 그를 피난처 홍보대사로 위촉했다. 마침 그 무렵 한국에 입국한 욤비의 아이들과 신현준씨가 함께 사진을 찍었는데, 쿠르드와 방글라데시 난민들이 환호성을 지르며 너무 좋아하는 것이었다. 그렇게 연예인이 좋으냐고 물었더니, 돌아오는 대답이 "간사님, 저 아저씨 어느 나라 출신이에요? 파키스탄? 요르단?"이었다. 아마 신현준씨를 귀화한 연예인 스타로 생각했던 모양이다.

어쨌든 난민들은 신현준씨를 친근하게 생각했고, 그의 겸손한 행동으로 더욱 호감을 느꼈다. 신현준씨는 2009년 봄 피난처에서 돕는 말레이시아 정글의 버마난민들을 도우러 그곳까지 함께 가서 고생하며 난민들을 위로해주었다. 그 일이 아직까지도 난민들에게 커다란 기쁨과 위로가 되고 있다.

3부
/
우리가
몰랐던
한국의 난민
이야기

1장
그들은
왜 난민이
되었는가

난민의 발생원인

난민은 인종, 종교, 국적(민족), 특정사회집단의 구성원 신분 또는 정치적 의견의 차이를 이유로 한 박해 때문에 발생한다. 그중에서도 인종은 가장 전통적인 박해사유라고 할 수 있다. 2차대전 중 나치 독일이 600만 유대인에게 행한 홀로코스트 대학살, 1992년 보스니아 내전, 알바니아계 코소보 주민들이 대량 학살된 1998년 코소보사태, 후투족과 투치족의 분쟁으로 50만 학살과 300만 난민발생을 기록한 1994년 르완다사태, 악명 높은 남아공의 아파르트헤이트 등은 모두 인종을 이유로 한 난민발생의 사례들이다.

인종은 모든 형태의 종족적 집단을 포함하지만, 주로 다수의 인구 내에 소수민족을 구성하는 공통가계로 이루어진 특정 사회집단의 구성원을 의미한다. 인종차별철폐 국제협약에서는 종족, 피부색, 혈통, 민족 또는 종족기원을 모두 포함하는 것으로 인종을 정의하고 있다. 단지 특정한 인종집단에 속한다는 사실만으로 난민이 되는 것은 아니지만, 인종차별이 가장 기본적인 인권을 침해할 정도로 인간의 존엄성에 영향을 미치거나, 인종적 장벽을 고려하지 않음으로써 중대한 결과를 초래하는 경우 박해가 된다. 그러나 경우에 따라서는 인종에 영향을 주는 특별한 상황 때문에 그 인종에 속한다는 사실 자체가 박해의 원인이 될 수도 있다. 또한 인종은 그 자체로 특정사회집단이고 고유의 문화와 결합하여 하나의 민족이 되기도 하며, 인종에 대한 박해는 정치적 투쟁을 초래하기도 하므로 인종문제는 민족 혹은 정치 문제나 특정사회집단과 같은 다른 난민발생 사유와 혼합되어 나타나는 경우가 많다.

종교 역시 사람들이 기꺼이 목숨과 바꿀 각오로 지키는 신념체계이기 때문에 박해의 원인이 된다. 종교적 박해란 신앙을 가지거나 변경하는 것, 신앙을 표현하는 예배 등의 의식이나 전도, 종교교육 등의 공적·사적 활동에 참여하거나 거부하는 것, 종교단체의 구성원이 되는 것 등을 이유로 생명, 자유를 중대하게 침해하거나 차별하는 조치를 의미한다. 단지 특정종교집단의 구성원이라는 이유만으로는 난민으로 인정되지 못하나, 단순히 그 이유만으로도 박해의 우려가 있는 특수한 상황도 있다.

난민협약은 국적을 박해원인의 하나로 들고 있지만, 어떤 국가가 자국민을 박해한다거나 다른 나라에서 타국민을 박해한다는 것은 생각하기 어렵다. 그러나 외국인, 특히 무국적자나 난민을 박해하거나, 식민국가와 같이 국적은 인정되지만 국민으로서 향유하는 권리를 박탈하는 경우, 국가가 통합·분리되어 종전의 국적에 따른 박해가 있는 경우 등은 국적을 이유로한 박해라 할 수 있다. 나아가 국적(nationality)은 반드시 시민권(citizenship)이라는 의미의 국적개념만을 가리키는 것이 아니라, 언어나 문화에 의해 구분되는 민족으로서의 의미도 가지며 민족개념은 인종개념에 포섭될 수도 있으므로, 인종적·문화적·언어적 소수자인 이른바 소수민족에 대한 박해도 국적(민족)을 이유로 한 박해로 이해될 수 있다. 대부분 국적을 이유로 한 박해는 다수민족에 의한 소수민족 박해를 의미하지만, 반대로 다수민족이 지배권을 가진 소수민족에 의해 박해를 받는 경우도 많다. 또한 민족집단간의 분쟁이 정치적 운동과 결합되는 경우, 특히 정치적 운동이 특정민족과 결부되는 경우, 국적(민족)을 이유로 한 박해와 정치적 의견을 이유로 한 박해가 중첩될 수 있다.

한국에서 민족을 이유로 한 대표적 난민신청 사례는 버마의 친족과 로힝야(Rohingya)족, 스리랑카 타밀족, 나이지리아 이보족, 방글라데시 줌머족, 중국의 티벳족과 위구르족, 인도의 나가(Naga)족 등 여러 소수민족과, 쿠르드족, 팔레스타인족과 같이 민족국가가 없는 민족들이다. 독립이나 자치를 위해 싸우고 있지만 국제사회에서 아직 국가로 인정받지 못한 민족들은 비국가민족조직기구(Unrepresented Nations and Peoples Organization, UNPO)라는 국제기구를 통해 연대하고 있다.

특정사회집단의 구성원이라는 개념은 난민협약이 정한 박해의 원인 가운데 가장 모호하고, 그렇기 때문에 탄력적 해석을 통해 난민보호의 범위 확대에 기여하는 개념이다. 특정사회집단이란 유사한 배경, 관습, 사회적 지위를 가진 자들 혹은 박해받을 위험 이외의 공통의 특성을 공유하거나 그 사회에 의해 한 집단으로 인식되는 사람들의 집단을 의미한다. 인종, 종교, 민족, 정치적 의견이 모두 개인이 임의로 변경할 수 없는, 정체성과 불가분의 관계에 있는 속성인 것처럼, 특정사회집단 역시 특정한 속성을 공유하는 집단으로서 소속된 개인이 임의로 이탈할 수 없거나 그런 요구가 개인의 정체성을 본질적으로 훼손하기 때문에 이를 기대할 수 없는 사회적 집단을 가리킨다. 이러한 속성집단은 ①태생적 혹은 내재적 속성에 의해 규정된 집단이어서 변경할 수 없거나 ②자발적 의사에 의해 결합된 집단이지만 그 결합의 이유가 구성원들에게 너무나 중요한 의미를 갖고 있어서 이를 포기하도록 강요하는 것이 인간의 존엄성을 해할 정도거나 ③과거에 특정한 지위에 있었기 때문에 현재 이를 변경할 수 없거나 ④정부나 사회의 태도에 의해 일정한 속성을 가진 것으로 인식되는 경우 등을 들 수 있다.

정치적 의견이란 국가 혹은 정부기관이나 정책에 대한 공적 의견으로, 정부당국에 의해 용인될 수 없는 비판적 견해다. 반드시 정치적 활동이나 조직 가담에만 국한되는 것이 아니라, 명시적인 의견 표명, 간접적인 정치행동, 정치적 의견에 따른 중립적 행동이나 부작위, 심지어 실제 그러한 의사가 없음에도 불구하고 정치적 반대의사를 가진 것으로 간주되거나 의심받는 것도 정치적 의견이 될 수 있다. 그런데 누구나 정치적 의견을 갖고 있으므로 정부와 다른 의견을 가졌다고 해서 난민이 되는 것이 아니라, 그 의견이 이미 표현되었거나 정부기관의 주목을 받아야 난민으로 인정된다. 신청인이 아직 자신의 의견을 표현하지 않은 경우라면, 자신의 의견을 표현했을 때 결과적으로 당국과 충돌하게 될 것임을 합리적으로 예상할 수 있어야 한다. 또한 출신국을 떠나기 전에는 자신의 정치적 의견을 숨겼고 이로 말미암아 박해를 당하지 않았지만, 귀국시 박해를 받을 것이라는 이유로 난민신청을 한 경우라면 신청인이 출신국에서 직면하게 될 결과를 예측해보아야 한다.

또한 정치적 의견은 일반적으로 범죄의 형태로 처벌되는데, 기소가 정치적 의견 때문에 행해지는지, 그로 인한 범죄적 행동 때문에 행해지는지를 구별해야 한다. 정치적 동기로 인한 범죄적 행위 때문에 기소가 행해지고, 예상되는 형벌이 관련국의 일반법에 합치되는 것이라면 그러한 기소에 대한 공포를 이유로 난민이 될 수는 없다. 그러나 그의 정치적 의견 또는 그러한 의견에 의한 표현을 처벌하는 구실로 기소하거나 가벼운 범죄에 대해 지나치게 가혹하고 자의적인 형벌을 가하는 경우는 박해가 된다.

새로운 난민보호의 필요성

난민협약이 박해의 위험에 노출되어 있는 사람, 국가로부터 필요한 보호를 받지 못하는 사람 모두를 보호하지 못하고, 인종, 종교, 국적, 특정사회집단의 구성원 신분 또는 정치적 의견의 차이를 이유로 박해받는 사람만을 보호하는 것은 일차적으로는 난민협약 체결국가들이 너무 많은 부담을 지지 않으려 했기 때문이다. 다른 한편으로 난민협약은 사회적·정치적 지위로 말미암아 국적국이나 주류사회로부터 타자로 취급받고 국가의 보호를 받지 못하는 사람들을 국제사회가 보충적으로 보호해야 한다는 것을 의미하기도 한다.

그런데 협약 성립 당시 예상하지 못했던 새로운 형태의 박해원인들이 대두하기 시작했다. 이에 따라 지역적 기구들은 외국의 침략, 식민지배, 내전, 기타 일반화된 폭력과 같은 새로운 난민발생의 원인들을 보호범위에 추가하기도 하고 시대적 맥락에 맞는 탄력적인 해석을 통해 난민협약이 보편적 효력을 유지할 수 있도록 노력하고 있다.

그리하여 박해의 원인이 난민협약에 명시되어 있지 않더라도 박해가 협약상의 원인과 무관하지 않다면, 난민협약이 적용된다. 예컨대 협약상 원인과 관련없는 전쟁이나 기아 때문에 탈출한 경우나, 종족간·종교간 분쟁으로 인한 내전처럼 협약상 원인으로 탈출해도 신청인이 처한 위험이 전쟁이라는 상황 자체에서 비롯된 경우에는 신청인이 협약상 원인 때문에 박해를 받고 있다고 할 수 없다. 그러나 신청인이 내전의 와중에 생명의 위협을 받는 경우처럼 그 종족 또는 종교적 정체성 때문에 다른 구성원들에 비해 가중된 위험에 처해 있다면 협약상 원인을 이유로 한 박해의 위험이 존재한다고 보아야 한다.

또한 국제사회는 난민협약상의 요건에는 해당하지 않는 경우라도 인도적 이유에 의해 체류자격을 허용하는 보충적 난민보호제도를 도입하고 있다. 협약난민의 범위가 너무나 제한적이기 때문에 선진각국은 전쟁, 고문, 대규모 인권침해 등으로 말미암아 자국으로 돌아갈 수 없는 사람들에게 협약난민과 유사한 인도적·보충적 지위를 부여하고 있으며, 우리나라도 출입국관리법 제76조의 8 제2항에서 인도적 지위를 제도화하고 있다.

최근 심각하게 대두되는 난민발생 원인은 바로 환경문제다. 난민문제는 전통적으로 협약난민 중심으로 논의되어왔으므로 환경파괴나 자연재해로 인한 난민에 대한 국제적 보호제도는 정비되지 못했다. 그러나 1995년에 2천5백만명이던 환경난민의 숫자가 2010년에는 5천만에 이를 것이라는 반기문 유엔사무총장의 경고가 있었고, 2050년에는 지구온난화에 따른 해수면 상승 등으로 예상 세계인구 90억의 1.5%인 1억5천만이 환경난민이 될 것으로 예측되면서 환경난민 문제에 대한 관심이 절실히 요구되고 있다. 환경난민 발생의 가장 대표적인 사례는 해수면 상승으로 국토를 잃어가고 있는 투발루(Tuvalu)와 사막화로 농경목초지가 감소되어가고 있는 사하라(Sahara)지역이다.

호주의 동북쪽 태평양에 위치한 인구 1만2천명의 산호섬나라 투발루는 해수면 상승으로 파도가 집까지 밀려들고 있다. 8개의 섬 중 하나는 1999년에 이미 물에 잠겼고, 지금과 같은 추세라면 50년 안에 나라 전체가 물에 잠길 것으로 예상된다. 아프리카에서는 사막화가 급격히 진행되고 있다. 북쪽의 사하라사막이 남쪽으로 번져가고 있는데 현재 500킬로미터까지 남쪽으로 하강한 상태다. 사막화가 가장 빠르게 진행되는 곳은 사하라 남부의 사헬(Sahel)지대로 1986년부터 지금까지 약 20년이상 지속된 가뭄이 직접적인 원인이지만, 과도한 경작 및 관개, 산림벌채, 환경오염으로 인한 기후변화 등도 사막화를 가속화하고 있다. 현재 지구 면적의 19%인 3천만평방킬로미터가 사막화되어가고 있으며, 1억5천만 인구가 사막화로 생존을 위협받고 있다. 사막화지역도 아프리카의 사하라에서 시작하여 점차 중국 쪽으로 번지더니, 2000년대에 들어와서는 아시아의 사막화가 아프리카보다 더 빠르게 진행되고 있다. 몽골은 전

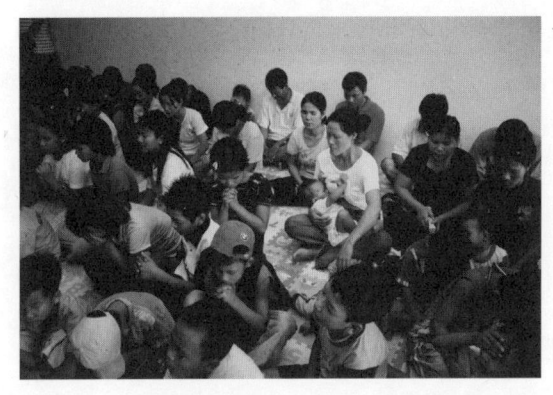

해마다 새로운 난민들이
나타나고 있다.
더 많은 피난처가 절실히 필요하다.

국토의 90%가, 중국은 전 국토의 17.6%가 사막화되었고, 매년 가용초지의 2%가 사막으로 변하고 있다.

이러한 상황에서 환경난민을 협약난민의 개념으로 보호하기에는 한계가 있으므로 환경난민 보호를 위한 새로운 국제적 합의가 필요하다. 난민발생 원인의 확대나 탄력적 해석에도 불구하고 여전히 협약난민 개념은 사회적·정치적 지위와의 관련성이 핵심적이다. 따라서 어떤 사람이 자연재해나 경제적 낙후 등 그의 사회적·정치적 지위와 무관한 원인으로 중대한 위험에 처해 있는 경우에는 재난구호와 인도적 지원은 가능할지언정 난민협약에 따른 난민으로 인정받을 수는 없다. 이것이 바로 국제 난민보호의 현주소다.

난민인정과 증명

난민으로 인정받기 위해서는 본국으로 돌아가서 당할 박해의 위험을 증명해야 한다. 그러나 그것은 말처럼 쉬운 일이 아니다. 특히 개종과 같이 내적 신념과 관련되어 있거나 자국이 아닌 타국에서 일어난 일을 이유로 박해당할 위험이 있다고 주장하는 경우 증명이 쉽지 않아 진정성을 의심받기 쉽다. 난민이 주장하는 공포에는 충분한 근거와 합리적인 이유가 요구된다. '충분히 근거있는 공포'를 갖고 있다고 인정받기 위해서는 먼저 그 사람이 주관적으로 박해에 대한 공포를 느끼고 있어야 하고, 나아가 그 공포를 뒷받침할 만한 객관적 상황이 존재해야 한다. 다소 황당한 사례로 한 일본인이 전자파 공격을 이유로 한국에 난민신청한 경우도 있었는데, 박해의 위험을 평가하는 객관적 정황에는 국적국의 일반적 인권상황에 대한 국제사회의 평가, 신청인 스스로 경험한 박해나 이에 대한 위협, 신청인과 유사한 상황에 처한 사람들이 경험한 박해 등이 포함된다.

먼저 난민신청인이 속한 특정한 집단의 구성원들이 일반적으로 박해받고 있다는 사실이 널리 인정되는 경우 특별한 사정이 없는 한, 신청인이 염려하는 박해 가능성은 현실적 근거가 있다고 보아야 한다. 난민신청인과 유사한 상황에 처한 동일집단 구성원이 박해를 받고 있는 경우도 마찬가지다. 객관적으로 알려진 사실에 의해 신청인에 대한 박해 가능성이 충분히 예상되는데도 이를 도외시한 채 신청인이 주장한 사실관계의 미세한 차이에만 집착하며 신빙성을 부정하는 것은 옳지 않다.

다만 유엔난민기구나 휴먼라이츠워치(Human Rights Watch) 같은 국제인권기구, 미국 국무부의 국가별 인권보고서 등을 통해 알려진 인권상황만으로는 신청인이 속한 집단이 일반적으로 박해를 받고 있다고 인정하기 어려운 경우가 많다. 특히 신청인이 속한 집단이 대규모인 경우 그 집단이 받고 있는 불이익의 폭이 매우 넓기 때문에 이를 근거로 집단에 속하는 사람들 모두가 박해받고 있다고 보기 어렵고, 결국 해당집단 내에서 다시 박해받는 소집단을 찾아내야 하는 문제가 남게 된다.

한편 박해에 대한 공포가 충분한 근거를 갖춘 것인지 객관적 척도에 따라 결정해야 한다는 것은 결코 증거판단에 있어 난민신청인의 국적국에 대한 일반적 평가가 신청인 개인의 경험이나 특수한 상황에 대한 진술보다 비중이 높다는 의미는 아니다. 난민신청인의 국적국에 대한 국제사회의 일반적 평가는 대부분 정치체제나 제도와 같은 형식적 요소나 시간적·공간적·인적으로 국한된 정보에 의존하기 마련이어서, 오히려 신청인 개인이 주장하는 국지적·현실적 상황을 제대로 설명하지 못하는 경우가 있을 수 있다.

또한 신청인이 과거에 박해를 받았다는 사실은 국적국으로 귀환할 경우 다시 박해를 받을 가능성이 있다는 강력한 증거가 될 수 있다. 때문에 난민인정을 담당하는 행정청은 과거 박해사실의 존부를 밝히는 데, 특히 난민신청인이 속한 집단에 대한 박해 외에 신청인이 개인적으로 박해의 표적이 되었다는 사실을 밝히는 데 집중하는 경향이 있다. 그러나 난민신청인이 개인적으로 경험한 박해사실이 인정되지 않을지라도 장래의 박해 가능성을 쉽게 부정해서는 안된다. 난민협약은 원래 '집단'의 구성원이라는 이유로 박해의 대상이 되는 사람을 보호하기 위한 것이기 때문에 그 집단에 속하는 사람은 개인적인 차이에도 불구하고 일단 박해의 위험에 노출되어 있다고 볼 수 있고, 국적국을 이탈하기 전까지 가해자의 표적이 되지 않아 현실적으로 박해를 받지 않았다 해도 이로써 귀환 후 박해받지 않을 것이라고 보장할 수는 없기 때문이다. 따라서 난민신청인이 과거에 박해를 받은 적이 없고 나아가 현재에도 박해의 가능성이 없다 할지라도, 가까운 장래에 상황이 바뀌어 박해의 가능성이 있다고 예상된다면 박해의 공포에는 합리성이 있다고 보아야 한다.

반대로 난민신청인이 과거에 박해받은 사실이 인정되더라도 국적국의 상황이 완전히 달라져 객관적으로 더이상 박해의 가능성이 존재하지 않는 경우라면, 또한 난민신청인이 과거 경험에 의한 강박관념 때문에 주관적으로 두려워하는 것이라면, 난민인정을 매우 신중하게 결정해야 한다. 이때에도 난민이 발생하는 국가는 중앙권력이 각 지역까지 충분히 미치지 못하거나 인권보장에 관한 법률과 제도가 실효성없이 장식적 기능에 그치는 경우가 많다는 점을 간과해선 안된다. 평화협정이나 휴전협정의 체결, 새로운 중앙권력 또는 헌정질서의 출현, 비정규 무장단체의 활동잠복, 박해행위에 대한 처벌규정 신설 등의 사정만으로 장래의 박해 가능성이 소멸했다고 보기 어려울 때도 많은 것이다.

하지만 현재 한국에 있는 난민신청자들 가운데 네팔, 스리랑카, 라이베리아같이 최근 평화협정이 체결된 나라의 신청자에 대해서는 난민지위가 거의 인정되지 않고 있다. 이들 나라에 대한 국제사회의 일반적 평가는 내전이 종결되었고 치안이 회복되었으므로 귀환이 가능하다는 것이다. 그러나 난민들이 처한 구체적 상황은 일반적 평가와 다를 수 있고, 더구나 과거의 박해로부터 비롯된 개인적 트라우마가 남아 있는 경우 귀환을 강제하는 것은 쉬운 일이 아니다.

또한 '충분히 근거있는 공포'가 있다는 사실은 난민인정 신청을 하는 외국인이 증명해야 하나, 박해를 피해 온 사람들은 대부분 최소한의 필수품과 신분증명서조차 챙기지 못한 채 거의 맨손으로 탈출하는 경우가 많으므로 난민신청자에게 주장 전체에 대한 증명을 요구할 수는 없는 실정이다. 따라서 신청인이 진술한 관련사실을 확인하고 평가하는 의무는 신청인과 심사관이 분담·공유하도록 하여 신청인의 증명책임을 완화하고 있다.

그리고 증거가 불충분하여 입증되지 못한 진술이 있더라도 신청인의 진술에 신뢰성이 있다고 인정되면 그 주장에 반하는 상당한 이유가 없는 한, 심사관은 신청인에게 유리하게 해석하도록 되어 있다(「난민지위 인정기준 및 절차 편람」 제196항). 결국 신청인의 진술에 일관성과 설득력이 있고, 입국경로, 입국 후 난민신청까지의 기간, 난민신청 경위, 국적국의 상황, 주관적으로 느끼는 공포의 정도, 신청인이 거주하던 지역의 정치·사회·문화적 환경, 그 지역의 주민이 같은 상황에서 느끼는 공포의 정도 등에 비추어 그 주장을 인정하는 것이 합리적인 경우에는 박해의 공포가 증명된 것으로 본다.*

박해 가능성에 대한 증명문제는 과거 박해받은 사실에 대한 확인의 문제가 아니라 장래 박해받을지도 모른다는 예측의 문제이므로 불확실성의 요소를 포함할 수밖에 없다. 또한 신청인은 타국에서 은신하는 입장이기 때문에 출신국 내 정보를 구하는 것이 아주 어렵고, 박해의 주체는 신청인이 돌아오면 박해를 가할 것이라는 내용의 증명서를 발행해주지 않으며, 잘못된 결정은 무엇보다 비극적인 결과를 불러오므로 보호결정보다는 추방결정에 훨씬 더 신중을 기해야 한다.

일반적으로 형사사건에서 요구되는 증명의 정도는 엄격한 증명으로서 '합리적인 의심을 가질 수 없는 정도'(beyond reasonable doubt) 또는 '명백하고 확정적인 증거'(clear and convincing evidence)에 의한 증명, 즉 십중팔구의 가능성 증명이고, 민사사건에서는 이보다 훨씬 약한 '증거의 우월'(preponderance of evidence) 또는 '사실이 존재할 가능성이 존재하지 않을 가능성보다 큰 정도'(more probable than not), 즉 51%의 증명이다. 그러나 난민사건의 경우에는 그보다 훨씬 더 낮은 가능성으로서 박해발생의 합리적 가능성(reasonable possibility, real chance of the event occurring) 내지 실제적 근거(substantial basis)만 있으면, 그것이 단순한 가정이나 추측에 불과하지 않은 이상(if not it is mere

---

* 대법원 2008. 7. 24. 선고 2007두3930 판결.

speculation), 예컨대 10%의 가능성만 있어도 증명이 된 것으로 보아야 한다.[*] 결국 난민에 대한 국제적 보호의 필요성을 불러일으키는 박해의 가능성은 현실적이고 합리적인 가능성이면 충분하다는 것이 국제적 기준이다.

---

[*] Rodger Haines, "Human Rights and Refugee Protection: Comparative Review," 인권과 난민보호-비교법적 연구 워크숍(2007. 11. 5) 자료집, 국가인권위원회 & 유엔난민기구 한국대표부, 10~11면.

2장
인종,
종교,
국적에 따른
박해

후투·투치의 종족분쟁과 콩고 내전

2000년 11월 한국에 거주하던 일단의 콩고민주공화국 출신 난민들이 집단으로 난민신청을 했다. 2003년 5월 이들의 난민 인정은 거부되었으나 인도적 체류는 허용되었고, 이후 적지 않은 콩고 출신 난민들이 한국에서 난민으로 인정되어 콩고는 버마, 방글라데시, 에티오피아와 함께 한국에서 가장 많은 난민이 인정된 나라 가운데 하나가 되었다.

동부아프리카의 르완다, 부룬디, 콩고 동부지방에는 후투족과 투치족이라는 두 인종이 서로 대립하고 있다. 다수임에도 불구하고 차별을 받아오던 후투족의 불만이 소수 지배족인 투치를 향해 쌓여가던 차에 1994년 4월 6일 후투족 출신 르완다

대통령 쥐베날 하비아리마나(Juvénal Habyarimana)와 부룬디 대통령 씨프리앙 은타리아미라(Cyprien Ntaryamira)가 비행기 요격으로 살해되자, 극단적인 후투족 민병대가 50여만명에 달하는 투치족 민간인을 학살하는 사태가 벌어졌다. 곧이어 1994년 7월 4일부터 투치족의 반격이 시작되자 이번에는 300만명의 후투족 난민들이 국경을 넘어 콩고민주공화국 등지에서 난민촌을 형성하게 되었다.

한편 콩고는 1960년 벨기에로부터 독립한 후 쿠데타를 통해 정권을 장악한 모부투가 1965년부터 장기집권하고 있었다. 그런데 94년 이후 수많은 후투난민들이 국경을 넘어오고 후투 반군을 소탕한다는 명목으로 르완다와 부룬디의 투치족이 콩고 국경을 넘어 침공해오자 후투를 지지하는 모부투 정권은 3개월 만에 50만명의 투치족을 학살하기에 이르렀다. 이에 1996년 10월 투치계 반야물렝게(Banyamulenge)족이 중심이 되고 르완다와 부룬디로부터 투치의 지원을 받아 콩고해방민주세력연합(Alliance of Democratic Forces for the Liberation of Congo, ADFL)이라는 범반정부조직이 결성되었고, 모부투에 대항하는 전투를 개시함으로써 콩고에서도 내전이 시작되었다.

결국 1997년 5월 17일 로랑 까빌라(Laurent Kabila)가 이끄는 ADFL 반군이 승리함으로써 내전은 일단락되었으나, 1998년 7월 로랑 까빌라가 돌연 자신의 집권을 도운 르완다 투치족을 비롯한 외국군의 철수를 요구함에 따라 내란이 재발되었다. 까빌라의 철수요구에 배신감을 느끼며 반발한 르완다 투치족은 반군세력에 합세해 까빌라정부에 공격을 개시했다. 내전이 계속되는 동안 콩고의 운명은 점점 기울었고, 결국 로랑 까빌라는 2001년 카메룬의 회의에 참석했다가 앙골라 저격수에 의해 암살되고 말았다.

현재 콩고민주공화국은 로랑 까빌라의 아들이라는 명분으로 권력을 잡은 후 2006년 총선에서 승리한 요제프 까빌라(Joseph Kabila)에 의해 통치되고 있으나, 동부지방에서는 여전히 전쟁이 계속되고 있고 인권상황 역시 피폐일로에 있다. 후투와 투치 간의 인종대립은 난민문제를 둘러싸고 콩고민주공화국과 르완다의 대립이 되었으며, 두 나라의 대립은 주변 10여개국과 열강이 개입된 국제전으로 번졌다. 그리고 전쟁의 와중에 콩고는 난민의 땅이 되고 말았다. 한국에도 반야물렝게족 출신으로 대학 재학중 콩고정부의 르완다계 투치족 학살에 항의하는 시위에 가담해 수배를 받아 출국했다는 난민신청자가 있다.

인종박물관 에티오피아

쏠로몬왕과 시바여왕 사이에서 태어난 아들에 의해 건국되었다는 에티오피아 땅을 처음 밟았을 때 나는 과연 그 후손들답게 조각같이 반듯한 외모가 인상적인 에티오피아인들이 하나같이 석고상처럼 굳은 표정으로 땅만 바라보며 걸어다니는 모습에 놀랐다. 기근의 대명사가 된 에티오피아 땅에 서린 어두움을 마주쳐서일까. 조심스럽게 짐작해보며 답답한 가슴을 추슬렀다. 그러나 에티오피아에 이어 방문한 콩고에서 나는 찢어지게 가난한 콩고사람들이 어디서 솟아나는지 알 수 없는 에너지를 주체하지 못해 언제 어디서든 몸을 건들거리는 모습을 보면서 에티오피아인들의 우울은 무엇을 의미하는지 다시 생각하지 않을 수 없었다.

그동안 나는 한국에서 난민신청을 했으나 증거가 부족해 난민인정에 어려움을 겪고 있는 사람들을 위해 아프리카 여러 나라들을 다니며 증인을 만나고 증거를 수집했다. 그러나 우간다, 콩고, 이집트 등 다른 출신국 난민과는 달리 에티오피아 난민들 중에는 자신의 박해에 관해 이야기하며 도움을 요청하는 사람을 만나기가 어려웠다. 그들은 경계심이 컸으며 의심이 많았다. 웬만해서는 자신의 이야기를 꺼내지 않았고, 나의 방문이 도움은커녕 자신들에게 해가 되지는 않을까 염려하기까지 했다. 무엇이 이들을 아무것도 믿지 못하게 만들었을까. 결론부터 말하자면 요인은 인종이요 인종간의 의심과 증오를 이용한 정치였다.

인종박물관이라 불리는 에티오피아는 오로모(Oromo), 암하라(Amhara), 티그러웨이(Tigraway) 등 90여개의 종족으로 구성된 다인종국가다. 7천7백만 인구의 40%로 가장 많은 인구와 지역을 차지하는 인종은 오로모족인데, 이들은 수도 아디스아바바(Addis Ababa)를 중심으로 중부 및 중서부와 중남부 지역에 거주하고 있다. 이들은 라틴어에서 차용한 오로모족의 문자 '오로미야'를 사용하며, 오로모족의 단체인 오로모해방전선(Oromo Liberation Front, OLF)을 중심으로 오로모족의 자치와 문화보존을 위한 다양한 활동을 전개하고 있다. 암하라족은 전체 인구의 약 30%로 오로모족 다음으로 큰 종족이며, 1970년대 공산정권이 수립되기 전까지 2천여년간 이 나라의 왕가를 차지하던 지배종족이고 암하라어는 에티오피아의 공용어로 쓰인다. 현재 총리를 비롯해 정치적 실권을 잡고 있는 사람들은 전체 인구의 약 5~6%를 차지하는 티그러웨이족이다. 그리고 전체 상권을 쥐고 있는 사람들은 인구의 약 4%를 차지하는 구라기(Guragie)족이다.

에티오피아는 오랜 역사와 다양한 문화적 전통을 자랑하며, 그 전통은 3천년 전으로 거슬러 올라간다. 그러나 오랜 역사와 훌륭한 문화유산에도 불구하고 에티오피아의 사회환경은 인종간 마찰과 끊임없는 내전 때문에 지속적으로 악화되어왔다. 국토의 대부분이 경작 가능한 농경지임에도 불구하고 에티오피아는 세계 최악의 빈곤국이요 기아의 대명사가 되었다. 문제는 권위주의 정부가 인종간의 분쟁과 반목을 정치에 이용하고 있다는 점이다. 에티오피아는 2005년 5월 총선이 실시된 후 집권당인 에티오피아인민혁명민주전선(EPRDF)이 과반수를 넘는 의석을 획득했으나, 통일민주연합(CUD), 연합에티오피아민주전선(UEDF) 등 야당이 부정에 항의하는 반정부시위를 전개했다. 이에 경찰의 과잉진압으로 40여명이 사망하는 등 권위주의적 정치체제와 이에 대항하는 민주화세력의 갈등이 계속되고 있다.

한국의 난민신청자들과 에티오피아 민주화운동가들은 티그러웨이 정부가 종족간 분열과 반목을 이용하여 정권을 유지하고, 직업, 교육을 포함한 사회생활의 모든 면에서 타부족을 극심히 차별하고 탄압한다고 주장한다. 가장 탄압받는 인종은 다수족인 오로모족인데, 2001년 2월 한국에서 최초로 난민인정을 받은 데구도 반정부단체인 OLF 조직원으로 활동한 혐의로 본국의 박해를 받아 한국까지 오게 되었다.

에티오피아의 종족분열 정책 및 오로모족에 대한 박해가 어느 정도인지 외국인인 우리로서는 가늠하기 쉽지 않지만, 한국에서 난민신청한 에티오피아인 다윗의 사연은 에티오피아인들이 가진 특이한 두려움을 여실히 보여준다. 다윗의 아버지와 어머니는 OLF 조직의 리더로 활동했고, 그의 삼촌도 OLF의 조직원이었다. 다윗이 열세살 때 부모님과 점심을 먹고 있는데 8명의 군인들이 집으로 들이닥쳤다. 그들은 OLF 조직원들의 명단을 대라며 부모님을 폭행했고, 겁을 먹은 다윗은 그 자리에서 도망쳐나왔다. 다윗이 도망치던 중 군인 하나가 쫓아와 총을 3발 정도 쐈지만 다행히 빗맞았고, 밤에 다시 집으로 돌아왔을 때는 부모님과 이웃사람 몇명이 이미 군인들에게 끌려간 뒤였다. 다윗은 이후 한번도 부모님의 얼굴을 보지 못했다. 다윗은 고향을 떠나 오로모식 이름인 다윗을 암하라식 이름 아마르로 바꾸고 삼촌의 집에서 살게 되었으나 삼촌마저 OLF 활동과 관련하여 체포되었다.

언제 자신도 정부에 체포될지 모른다는 두려움에 아마르는 조국을 떠나 피난길에 올랐다. 아마르가 공항을 빠져나올 때 출입국심사를 담당하던 군인들은 수배자 리스트에 있는 사진을 보고 '다윗'이라 불렀다. 아마르라는 이름이 적힌 여권을 제시했음에도 다윗이라고 부르는 군인의 호명에 소름이 끼쳤으나, 자신은 다윗이 아니라고 강하게 부인한 끝에 겨우 출국할 수 있었다고 한다. 한국에 온 후 에티오피아에 있는 숙모와 연락을 취하고 있는데, 숙모의 말에 의하면 군인들은 지금도 다윗을 찾고 있다고 한다. 과연 에티오피아 정부는 오로모족이며 OLF 활동가의 가족이라는 이유로 열세살 어린 나이에 부모를 잃고 고아처럼 자란 다윗을 지금껏 찾아야만 할 이유가 있을까?

개종과 종교박해

무슬림의 종교적 박해나 기독교 개종을 이유로 한국에 온 난민들의 출신국은 주로 이란, 이라크, 파키스탄, 방글라데시, 나이지리아, 이집트, 버마 등이다.

2008년 9월 9일, 이란의회는 무슬림 배교자를 사형에 처한다는 형법개정안을 1차가결했다. 지금까지 이슬람사회는 이슬람에서 다른 종교로 개종하면 이슬람율법인 샤리아(Sharia)법에 따라 사형에 처하는 관습이 있었다. 하지만 사법제도에서는 사형뿐만 아니라 감옥형이나 노동형 등 다른 형벌도 존재했다. 그러나 이번에 개정된 형법 제224조와 제225조는 배교에 대한 상세한 조항들을 만들어 남자는 사형에, 여자는 종신형에 처하도록 했다. 수태시 부모 중 한쪽이라도 무슬림이었던 자가 성인이 되어 무슬림임을 고백한 후 이슬람을 떠나면 사형에 처하고, 무슬림이 아닌 부모를 둔 자가 성인이 되어 무슬림이 된 후 이슬람을 떠나 신성모독하거나, 수태시 부모 중 한쪽이라도 무슬림이었던 자가 성인이 되어 무슬림이 되지 않고 신성모독한 경우도 사형에 처하되 3일 동안 돌아올 기회를 준 후 거절하면 사형을 집행한다.

이란은 북한, 싸우디아라비아와 함께 세계 최악의 종교박해 국가이며, 개종자에 대한 재판이 국제사회의 관심을 받아왔기 때문에 1994년 이후 기독교 개종자들에 대한 공식적 사형집행을 하지 않았다. 이러한 이유로 한국의 법무부와 법원은 이란 출신 개종자들을 난민으로 인정하지 않고 이란으로 돌아가라고 요구하고 있다. 하지만 개종자들과 개종에 관련된 사람들은 이란의 공권력이 아닌 민간인들에게 잔인하게 살해되는데, 이 살해사건의 배후에 이란정부가 어떤 역할을 하고 있는 것은 아닌지 의심된다.

한국에서 난민신청한 자바드는 1981년 이란에서 태어났고 선택의 여지없이 무슬림으로 자랐다. 그러나 10대시절 학교에서 이슬람율법을 배우면서 자신의 종교에 대해 의문을 품게 되었고, 이에 대한 반발심을 주변에 표출하기 시작했다. 그러다 2002년 초 마을에서 다른 무슬림과 종교문제로 시비가 붙어 칼에 찔렸고 이 일로 경찰에 붙잡혔다. 일주일간의 구금 끝에 자바드는 자신이 기독교인이 아니라고 시인한 후에야 상대방과 합의해서 풀려날 수 있었다. 자바드는 이후에도 꾸준히 이슬람에 대한 불만을 표출했고 이 사실이 주변지인들에게 알려졌다.

2002년 9월 군대에 간 그는 군대 율법시간에 이슬람에 대한 반대의견을 표출했다가 정신병 진단을 받고 2003년 3월 입대 6개월 만에 귀가조치를 당했다. 정신병 진단을 받았기 때문에 자바드는 취직과 결혼을 할 수 없었다. 결국 그는 이란을 떠날 결심을 하고, 2005년 10월 한국에 입국했다. 한국에 온 지 3개월 후부터 교회에 나가기 시작해 2007년 10월 세례를 받고 개종했다. 자바드는 2007년 8월에 난민신청을 했으나, 다른 이란인들과 마찬가지로 기독교 개종이 의심스럽고 적극적 전도활동을 하지 않는 이상 돌아가도 별 문제가 없을 것이라는 이유로 2009년 4월 난민인정을 거절당했다.

개종은 개인의 내면에서 일어나는 회심의 과정이기 때문에 외부에서 알기 어려운 측면이 있다. 종교적 박해를 피해 한국에 피난 온 경우는 비교적 쉽게 분별할 수 있으나, 한국에서 개종한 후 개종을 이유로 난민신청을 하면 난민신청의 구실을 만들기 위한 거짓개종은 아닌지 의심받기 쉽다. 불법체류 등의 이유로 구금당한 후에 난민신청하는 경우는 더더욱 그러하다. 그러나 한 개종한 이란인이 화성외국인보호소에 구금되어 4년 동안 자신의 진실함을 온몸으로 보여주어야 했다면 그 의심이 너무 지나친 것은 아닐까. 4년을 희생하면서까지 한국에 머물러야 하는 그 절박한 이유에 귀 기울여야 하지 않을까.

한편 난민협약에서 말하는 종교는 반드시 전통적으로 인정되어온 기성종교에만 국한되지 않는다. 한국에도 전통신앙이나 주술의식과 관련된 난민신청 사례들이 많다. 한 우간다 여성은 불임이었던 어머니가 전통적인 주술의 방식으로 불임치료를 받아 자신을 낳았기 때문에 전통에 따라 신에게 바쳐져야 했고, 이를 피해 한국으로 피신했다. 그밖에도 토속신앙 제사장 지위승계를 원치 않아 이슬람교로 개종했으나 부친이 죽은 후 가문의 연장자들이 신청인에게 승계를 강요하며 생명을 위협해 난민신청을 한 가나 출신 신청자의 사례나, 사람을 죽여 심장을 빼먹는 잔인한 의식이 있는 나이지리아의 한 부족에서 종교적 양심에 따라 족장지위를 거부하다가 살해된 아버지를 따라 지위를 거부했다는 이유로 살해위협을 당한 신청자의 사례

등 전통종교나 주술과 관련된 사례도 국가의 보호가 미치지 못하는 경우 난민으로 인정될 수 있다.

에리트리아 국적에 의한 박해

1993년 에리트리아가 에티오피아로부터 독립한 후 에티오피아에 남아 있던 에리트리아계 사람들은 에리트리아 국적과 에티오피아 국적을 모두 가질 수 있게 되었다. 그러나 이 때문에 이들은 박해를 받을 뿐 아니라, 어느 나라 국적도 가질 수 없는 무국적 난민이 되었다.

19세기 열강의 아프리카 식민쟁탈전으로 에리트리아는 이딸리아의 지배를 받게 되었으나, 2차대전에서 패한 이딸리아는 에리트리아를 영국에 내주었다. 이후 1950년 유엔총회의 결정에 따라 에리트리아는 연방 내 자치지역 형태로 에티오피아에 통합되었고, 이로써 에티오피아는 홍해로 진출하는 출구를 갖게 되었다. 1962년 에티오피아가 유엔과의 약속을 깨고 에리트리아를 병합하여 직접 통치하려 하자, 에리트리아인들은 독립을 위한 30년간의 전쟁을 시작했다. 1987년부터 에리트리아인민해방전선(EPLF)이 본토에 대한 실질적 통제권을 장악하고, 멩기스투(Mengistu) 대통령의 가혹한 독재정치에 불만을 품은 에티오피아인민혁명민주전선(EPRDF)이 EPLF와 공동으로 1991년 아디스아바바를 함락하자, EPRDF의 지도자인 멜레스 제나위 (Meles Zenawi)는 에리트리아 독립을 위한 주민투표를 약속했다. 그리고 국제적인 감시하에 치러진 주민투표로 에리트리아는 1993년 4월 에티오피아로부터 독립하게 되었다.

이후 홍해로 진출할 출구를 잃어버린 에티오피아는 에리트리아와 불편한 관계가 되었고, 1998년 5월 전쟁이 재발하여 2000년 6월까지 10만명이 사망했고 수백만명이 전투에 동원되었다. 에티오피아는 전쟁 개시와 함께 1998년 7월경 에티오피아에 거주하는 50만명가량의 에리트리아계 민족을 추방했고, 7만5천명가량의 에리트리아계 민족을 강제수용소에 감금했다.

1978년 11월 아디스아바바에서 에리트리아계 아버지와 에티오피아계 어머니 사이에서 태어난 이삭도 아버지가 에리트리아계라는 이유로 아버지, 형과 함께 1998년 7월 수용소에 수감되었다. 이삭은 구금된 후 맹장염 때문에 2주간 병원에 입원할 기회를 얻었는데, 이때 병원에서 알게 된 사람의 도움으로 에티오피아 위조여권을 얻어 태국으로 탈출했다. 그리고 다시 그곳에서 짐바브웨 위조여권을 얻어 2000년 3월경 비자 없이 한국에 입국했다. 이삭은 2003년 11월 한국정부에 난민신청을 했으나, 2006년 3월 난민인정이 거부되었다.

2000년 12월, 에티오피아가 에리트리아와의 전쟁 종료를 선언했기 때문이다. 한국정부는 전쟁이 끝났으므로 이제 돌아가라고 하지만, 이삭은 여전히 돌아갈 나라가 없다. 에티오피아는 에리트리아계라는 이유로 이삭의 여권발급을 거부하고 있다. 에티오피아 국적을 버리고 에리트리아 국방의무 이행을 조건으로 에리트리아 국적을 신청할 수도 있으나, 그렇게 하면 연고도 없는 에리트리아를 위해 전쟁터에 나가야 한다.

에티오피아는 국적에 관한 혈통주의를 채택하고 있어 부모 중 한쪽이라도 에티오피아 국적을 가지고 있으면 에티오피아 국적을 보유하도록 하고 있다. 에리트리아도 혈통주의 국적제도를 채택하고 있어 이삭에게는 두개의 국적을 가질 수 있는 선택권이 있으나, 사실상 하나의 국적도 선택할 수 없으며 어느 나라로도 돌아갈 수 없는 무국적자가 되었다. 전쟁이 종료되었음에도 불구하고 양국간의 충돌은 계속되고 있기 때문이다. 흩어진 이삭의 가족들은 케냐, 영국, 미국에서 각각 난민지위를 얻어 미국으로 모여들고 있다. 다행히 이삭도 법원의 판결로 난민지위를 얻어 가족과의 재회를 위한 미국행을 준비할 수 있게 되었다.

우간다, 르완다의 국적에 관한 박해

2005년 6월 한국에서 난민신청한 제이콥은 1970년 우간다에서 태어난 르완다계 우간다인이다. 제이콥의 부모는 르완다를 통치하던 투치정부에 대한 후투족의 쿠데타로 벌어진 혼란을 피해 1959년에 르완다에서 우간다로 이주했고, 그곳에서 제이콥을 낳았다. 우간다의 속지주의(출생지주의) 국적법으로 우간다에서 태어난 제이콥은 우간다 국적을 갖게 되었다. 반면 르완다는 속인주의 국적법을 갖고 있어 르완다계 부모에게서 태어난 제이콥은 르완다 국적도 갖게 되었다. 제이콥은 우간다에서 고등학교까지 교육을 받고 르완다에서 군복무를 했다. 르완다 정부는 르완다계 우간다인에게도 르완다 군복무를 허용했으므로 1990년 르완다 정부군에 입대해 군장교로 복무한 것이다.

그러다 1998년 7월 콩고에서 내전이 재발하면서 주변국까지 개입한 국제전 양상으로 번졌고, 1999년 8월부터 콩고 키쌍가니(Kisangani) 지방에서 르완다군과 우간다군의 충돌이 잦아지면서 양국간의 갈등이 고조되었다. 이에 따라 양국 사이에 스파이 활동이 활발해졌고, 양국의 군인장교들이 스파이로 의심받아 실종되거나 피살되는 사건이 발생했다. 특히 우간다 출신이거나 우간다에 친척이 있는 르완다군의 경우, 스파이로 의심되어 피살되는 일이 빈번했다. 결국 제이콥도 스파이로 의심받아 총기 반납을 명령받았으며 감시의 대상이 되었다. 신변의 위협을 느낀 제이콥은 우간다를 거쳐 2005년 4월 한국으로 피난하여 난민신청을 했다.

제이콥의 난민신청은 2009년 6월 불허되었으며, 한국정부는 우간다인이면 우간다로 르완다인이면 르완다로 돌아가라고 했다. 그러나 제이콥은 어느 나라로도 돌아갈 수 없다. 그는 르완끝없는 내전과 박해……
수없는 난민들을 만들어낸
악순환의 고리는 언제쯤 끊어질까.

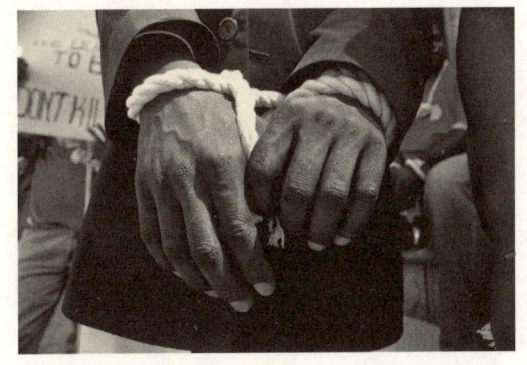

다군을 탈영했기 때문에 탈영범일 뿐 아니라 우간다 스파이로 확정되어 르완다군의 추적을 받고 있다. 또한 르완다군에서 복무한 경험 때문에 우간다에서도 스파이로 의심받을 가능성이 크다. 제이콥이 대한민국에 입국한 2005년 이후, 르완다와 우간다 양국의 관계는 호전되어 현재 양국 국경에서는 특별한 검열 없이 자유로운 왕래가 허용된다. 그러나 두 나라의 국적을 가진 제이콥은 오히려 그 국적 때문에 서로 다른 나라 스파이로 의심받아 박해를 당할 처지에 놓여 있다.

무국적자

난민 중에는 처음부터 무국적자이거나 국적이 확인되지 않아 무국적자가 된 사람들이 있다. 피난처를 찾아온 시리아 쿠르드인 지하드도 국적이 없었다. 터키, 이란, 이라크에 거주하는 쿠르드인들은 비록 자신들의 나라는 없어도 일반적으로 체류국 국적을 가지고 있지만, 시리아에 사는 쿠르드인 중에는 국적이 없는 사람들이 있다.

지하드는 아들 시헌이 돌잔치에 곰인형을 가져왔다. 마땅히 수입도 없는데 선물을 준비해온 지하드의 성의가 고마웠지만, 나는 사내아이 선물로 웬 곰인형을 가져왔나 하고 마땅찮게 생각했다. 그런데 시헌이는 이 곰인형을 너무도 사랑했다. 6년간

한시도 떼어놓지 않아 북실북실하던 곰인형이 너덜너덜 닳아 빠질 때까지 아들은 곰인형 '꼬꼼이'를 꼭 껴안고 다녔다. 아들이 사랑했던 꼬꼼이를 기억할 때마다 무국적자 지하드가 생각난다.

세계 곳곳에는 난민과 맞먹는 3천만명의 무국적자들이 있다. 무국적자는 어느 국가의 법률상으로도 국적이 없는 법률상의 무국적자와 법으로는 국적을 보유했을지라도 국적국이 그를 보호하려 하지 않거나 본인 스스로 국적국의 보호를 거부하여 실제로는 국적의 이익을 전혀 볼 수 없는 사실상의 무국적자로 나눌 수 있다. 우리나라에도 구소련 출신의 고려인으로 무국적자가 된 사람들이나 동남아시아의 유명한 무국적자 그룹인 로힝야인들이 무국적여권이나 위조여권을 가지고 들어와 난민신청한 경우가 있다.

그밖에도 북한국적이 확인되지 않아 대한민국 국적을 얻지 못한 탈북자나, 한국인과 결혼한 후 국적을 얻었으나 곧 위장결혼임이 밝혀져 국적이 취소된 사람들도 무국적자가 된다. 탈북자는 법률상 당연히 대한민국 국적을 갖게 되지만, 이들이 실제로 대한민국 국민으로 취급받기 위해서는 북한이탈주민의 보호 및 정착지원에 관한 법률 제8조에 의한 통일부장관 내지 국가정보원장의 보호결정을 받거나 국적법 제20조에 따른 법무부장관의 국적판정을 받아야 한다. 따라서 북한 출신임이 확인되지 않아 보호결정이나 국적판정을 받지 못하면 사실상 무국적자가 된다. 국적국으로부터 자국인임을 부인당한 난민이나 출생 후 국적국에 등록되지 못한 난민 자녀도 사실상 무국적자가 된다.

난민협약에 의하면 무국적자도 협약상의 다른 요건을 갖춘 경우 난민으로 보호받을 수 있다. 또한 난민인정을 받지 못하는 무국적자의 지위를 개선하기 위해 1954년에는 무국적자 지위에 관한 협약이 채택되었고, 무국적자 발생 자체를 방지하기 위해 1961년에는 무국적자 감소에 관한 협약이 채택되었다. 우리나라는 1962년에 무국적자 지위에 관한 협약에 가입했지만 아직 무국적자를 인정하고 보호하는 국내제도가 없고, 무국적자 감소에 관한 협약에는 가입하지 않았다.

난민들이 한국에 처음 들어오기 시작했을 때 제대로 정비되지 않은 난민제도로 인해 적지 않은 어려움을 겪은 것처럼, 난민 못지않게 어려운 처지에 있는 무국적자들도 아무런 제도의 보호 없이 똑같은 어려움에 빠져들고 있다. 때문에 하루빨리 무국적자 지위에 관한 협약을 구체화하는 국내법을 만들고, 무국적자 발생을 막아야 한다. 탈북자가 타국의 여권이나 신분증을 사용한 경우라도 무조건 국적판정 불가로 처리해 사실상의 무국적자로 방치할 것이 아니라, 외국국적이 공적으로 확인된 경우에 한해 국적인정을 거부하고 국적이 불분명한 경우에는 무국적자 판정절차를 만들어 무국적자로 보호해야 한다. 난민 자녀에 대해서도 출생 즉시 등록할 수 있는 제도를 만들어 무국적자가 발생하지 않도록 주의해야 한다. 무국적자와 난민들은 국제적으로 부모 없는 고아와도 같다. 이들에게는 지금 피난처와 친구가 절실히 필요하다.

3장
특정사회집단 및
정치적 의견에 따른
박해

특정사회집단의 구성원

피난처에서는 2008년 한해 동안 한국의 난민신청자 그룹에 대한 인권실태조사를 실시한 적이 있다. 그때 나이지리아, 가나 등 서아프리카 국가 출신의 난민신청자들을 많이 만나게 되었는데, 그들의 입에서 정치적(political), 정부(government), 정당(party) 같은 단어보다는 '삼촌(my uncle)'이라는 이상한 단어가 많이 나오는 것을 듣고 놀랐다. 알고 보니 전통적 부족사회의 성격이 강한 아프리카에서는 박해의 주체가 국가인 경우보다 부족장(추장), 가장 혹은 부족장의 지배권을 계승하려는 사람인 경우가 많고, 아프리카인들은 이들을 '삼촌'이라고 불렀던 것이다. 종족분쟁, 내전의 와중에 국가는 이 '삼촌'들의 침해행위를 묵인하는 경우가 많았다. '삼촌'으로 대표되는 아프리카의 복잡한 집단분쟁들은 특정사회집단과 관련한 다양한 박해사례를 보여주고 있다.

성(性)은 특정사회집단이라 하기에는 너무 큰 단위가 아닌가 생각되기도 하지만, 특정한 사회적 맥락에서 성 때문에(특히 여성이라는 이유로) 당하는 박해가 있고 이 경우에는 성도 특정사회집단이 된다. 유엔난민기구 집행위원회도 여성이 사회의 관습적 통념이나 도덕을 위반했다는 이유로 비인간적인 처우를 받게 될 경우에는 난민협약에서 말하는 특정사회집단에 해당하는 것으로 해석할 수 있다고 규정한 바 있다.

한국에서는 우간다 출신으로 에이즈 환자인 의붓아버지로부터 부인이 3명이나 있는 사람과 결혼하라고 강요받은 여성, 아버지로부터 이슬람교로 복귀하고 무슬림과 결혼할 것을 강요받은 여성이 난민신청한 사례가 있다. 그러나 법무부는 우간다 헌법에 결혼당사자의 자유와 동의가 존중되어야 한다고 명시되어 있으며, 기본권 침해에 대해 자국 정부의 보호를 요청할 수 있다는 이유로 난민인정을 거부했다.

여성의 생식기를 잘라내는 여성할례는 케냐와 소말리아 등 아프리카 일부지역과 이슬람지역에서 행해지는 여성에 대한 현저한 박해사례로, 한국에도 할례를 피해 도피한 피해자들이 있다. 아직 우리나라에는 이에 관한 결정례나 판례가 없으나, 국가의 보호가 미약한 경우 난민으로 인정해야 한다고 생각한다. 이미 미국, 독일, 이딸리아 등 여러 나라에서 강제적 여성할 례의 위협을 박해로 인정하는 판례가 나왔다.

동성애와 같은 성적 취향 역시 내재적이고 변경이 불가능하며 변경을 강요하는 것은 인간의 존엄성을 해하는 것으로서, 난민협약에서 말하는 특정사회집단에 해당한다. 캐나다와 미국에서는 동성애 남성들이 특정사회집단의 구성원이라는 이유로 박해를 받을 가능성이 있다고 판정되어 난민인정을 받은 사례가 있으며, 한국에서도 파키스탄 국적의 동성애 남성이 법원에서 승소한 사례가 있다.

난민협약은 가족 그 자체를 박해의 원인으로 인정하지는 않으나, 아프리카 같은 사회에서 아버지나 삼촌처럼 가족을 대표하는 인물이 어떤 사회적·정치적·종교적 신념을 갖고 있다는 이유로 그 가족구성원 모두가 동일한 신념을 지지해야 한다며 박해받거나 가장으로부터 학대받는 경우, 가족도 박해의 원인인 특정사회집단이 될 수 있다. 추장의 상속자 또는 상속집단이라는 이유로 추장의 자리를 빼앗으려는 집단으로부터 박해를 받는 경우, 추장의 상속자지위도 특정사회집단이 될 수 있다고 생각한다.

사회적 계급 내지 계층, 봉건적 신분관계 역시 특정사회집단을 구성할 수 있다. 사회적 계급 사이의 투쟁이나 계급혁명은 역사상 잘 알려진 박해원인의 하나일 뿐 아니라, 네팔과 같이 카스트제도가 잔존하고 있는 사회에서는 이런 박해가 지금도 계속되고 있다. 네팔의 난민신청자 중에는 수드라와 같은 천민계급으로 카스트제도에 의해 박해받고 있다고 주장하는 사람뿐만 아니라, 브라만과 같은 지배계급으로 마오이스트 반군에 의한 계급투쟁의 대상이 되고 있다고 주장하는 사람도 있다.

부호나 토지소유자라는 이유로 마오이스트로부터 자금 제공을 강요받고 이에 불응할 경우 생명의 위협까지 느끼는 사례도 많은데, 부호나 토지소유자라는 지위는 재산을 처분하면 되기 때문에 특정사회집단으로 볼 수 없다는 견해도 있다. 그러나 박해가 계급투쟁의 성격을 띠고 있을 경우, 또는 봉건적 사회구조가 잔존하는 국가에서 토지나 자산의 보유로 표상되는 계급·신분관계가 실제 토지나 자산의 처분 여부와 관계없이 유지되는 경우, 신청인에게 보유한 재산을 처분하라는 요구가 현실적으로 생계의 유지에 위협이 될 경우 등이 있기 때문에 다양한 경우들을 신중히 고려해 난민인정을 결정해야 할 것이다.

단체에의 소속은 자의에 의해 이탈할 수 있으므로 특정사회집단으로 볼 수 있을지 문제될 수 있다. 그러나 파룬궁 수련자 집단처럼 그 단체에의 참여가 구성원들에게 매우 중요해 이탈요구가 인간의 존엄성을 해할 정도가 되거나, 그 단체가 박해를 가하는 집단과 대립함으로써 사회 일반으로부터 하나의 사회적 단위로 인식되고 탈퇴에 의해 쉽게 그 인식을 벗어나기 어려울 때는 이를 특정사회집단으로 본다.

중국은 한국에서 가장 많은 난민신청이 이루어지는 출신국

가운데 하나이며, 신청자의 반수 이상은 파룬꿍 수련과 관련되어 있다. 그외 중국의 반체제운동가인 웨이 징성(魏京生)이 1998년 11월 6일 캐나다 토론토에서 설립한 '중국민주운동해외연석회의' 한국지부 회원들로서 민주화운동에 참여했다고 주장하는 사람, 탈북자 구출활동에 관련된 사람, 소수민족과 관련된 사람 들이 있다.

파룬꿍은 1992년 리 훙즈(李洪志)가 창시한 기(氣) 수련단체로서, 1992년 5월 중국사회에 보급되기 시작한 이후 총본산인 법륜대법연구회를 정점으로 39개의 수련총부, 1,900개의 지부, 2만8천개의 수련장이 세워졌으며 1억명이 넘는 수련자들이 생겨났다. 리 훙즈 자신은 '파룬꿍은 종교가 아니며 정치에 간섭하지 않는다'는 입장을 취하고 있으나, 파룬꿍의 성격이 모호한 상태에서 수련자들이 폭발적으로 늘어나자 중국정부는 1999년 7월 법륜대법연구회와 산하조직을 불법화하고 활동을 전면금지했으며, 지금도 파룬꿍을 사교집단으로 몰아 압박하고 있다.

한국에서는 중국의 대표적 반체제인사인 쉬 원리(徐文立)가 1998년에 창당한 민주당에 가입해 중국 민주화운동을 해온 일가족과 중국민주운동해외연석회의 한국지부장 등 5명이 2008년 11월 14일 대법원의 확정판결에 의해 난민인정을 받은 사례가 있다. 파룬꿍과 관련해서는 2008년 1월 16일 서울행정법원이 파룬꿍 수련자 32명 중 2명에 대해 승소판결을 내렸으나 고등법원과 대법원이 이를 기각하여 일부가 강제송환된 사례가 있다. 이 사건을 두고 난민에 대한 강제송환이라고 규탄하는 집회가 있었으나, 정작 송환된 파룬궁 수련자는 중국에서 사법당국에 구속되거나 박해를 받지 않고 정상적인 직장생활과 가정생활을 하고 있다고 밝혀 논란을 잠재우기도 했다. 이 사례에서도 볼 수 있듯이 중국정부가 파룬궁 수련자집단 모두를 처벌하지 않는 이상, 그 집단의 구성원이라는 이유만으로는 난민인정을 받기 어렵다.

일부지역의 박해와 국내피난

국가가 직접 권리를 침해하지 않더라도 국가의 법질서를 따르지 않는 일부계층이나 국가의 지배가 미치지 못하는 일부지역에서 침해가 일어날 때 국가가 침해자로부터 난민을 보호할 의사나 능력이 없는 경우에도 박해가 된다. 예컨대 대다수의 국민들이 소수의 종교자유를 존중하지 않는 국가에서 종교분쟁이 일어났을 때 가해자들의 침해행위를 국가기관이 고의로 묵인하거나 피해자를 보호할 수 없는 경우가 이에 해당한다(「난민지위 인정기준 및 절차 편람」 제65항).

박해가 일부지역에서 이루어질 때 이를 피해 국내의 다른 지역으로 피신할 수 있다면 난민으로 인정받을 수 없다는 이론을 국내피신(Internal Flight Alternative) 혹은 국내보호 대안(Internal Protection Alternative)이라 한다. 그러나 박해가 국내의 일부지역에서만 이루어진다고 해서 항상 난민인정이 불가능한 것은 아니다. 민족분쟁 또는 내전을 포함한 중대한 소요의 경우, 특정 집단에 대한 박해가 그 국가의 일부영역에만 국한된다 하더라도, 사정상 다른 지역으로 피난하는 것을 합리적으로 기대할 수 없는 경우에는 난민인정을 받을 수 있다(「난민지위 인정기준 및 절차 편람」 제91항).

파스케는 나이지리아 동남부의 오웨리(Owerri) 출신의 이보족이다. 그의 아버지는 모스크 수장인 이슬람 성직자이며 고위관료로서 고위관료의 80%가 무슬림인 지방정부의 실력자였다. 파스케는 이슬람 민병대가 그들의 라이벌인 기독교인들의 생명과 교회와 재산을 파괴하는 일에 아버지가 무기를 지원한다는 사실을 알고 아버지를 비판했다가 의절당하고 쫓겨났다. 파스케가 기독교로 개종하자 더욱 격분한 아버지와 가족들은 사람을 보내 파스케를 납치하고 죽음에 이를 정도로 고문을 가했다. 파스케는 고향을 떠나 기독교인들이 많은 지역으로 도피했지만, 아버지는 계속 암살자와 스파이를 보내 파스케를 뒤쫓았다. 게다가 아버지는 파스케가 이보족의 독립운동인 비아프라독립운동(The Movement for the Actualization of the Sovereign State of Biafra, MASSOB)의 일원으로 활동했다는 혐의를 씌워 정치범으로 지명수배까지 했다.

파스케는 막대한 종교적·정치적 권력을 소유한 아버지의 침해로부터 국가의 보호를 기대할 수 없을 뿐 아니라, 도리어 아버지의 무고로 MASSOB에 가담했다는 혐의를 쓰고 국가로부터 수배를 받고 있는 형편이다. 그러나 아버지와 아들의 이 처절한 분쟁 이야기는 파스케의 간절한 절규에도 불구하고 한국에서 황당하고 납득하기 어려운 아프리카인의 가정사로 치부될 뿐, 그의 난민인정이 받아들여지지 않고 있다.

다그본(Dagbon)이라는 가나 북부 전통왕국의 부족장 계승자였던 오키마도 부족장 계승을 둘러싼 분쟁과 살육에서 가까스로 살아남아 다른 지역으로 피신했으나, 추격자들의 감시가 계속되고 경찰로부터도 보호받지 못해 끝내 한국으로 탈출했다. 다그본 왕국은 왕족인 다곰바(Dagomba) 외에 콘콤바(Konkomba), 비모바(Bimoba), 체코시(Chekosi), 바싸리(Basaari), 참바(Chamba) 등 여러 부족으로 이루어진 85만 인구의 대부족으로, 600여년의 역사를 가진 전통왕국이다. 아직도 왕국의 안녕을 위해 사람이나 짐승의 피를 왕의 의자에 뿌리는 제사의식이 행해지는 전통사회로서, 왕자인 안다니(Andani)와 아부두(Abudu)의 이름을 따서 형성된 안다니파와 아부두파가 번갈아가면서 부족장을 세워 통치한다.

2002년 3월 부족장 계승을 둘러싸고 안다니파와 아부두파의 갈등이 심화되어 안다니파 출신 부족장이던 오키마의 삼촌과 40여명의 신하들, 그리고 어머니, 여동생을 포함한 친척들이 살해되었고, 오키마 자신도 반대파에 의해 집안 천장에 목이 매달렸다가 때마침 집에 찾아온 한 목사 일행에 의해 가까스로 구출되었다. 가나는 전체적으로 기독교가 우세하며 비교적 평화롭고 안정된 나라지만, 다그본은 가나의 국법보다 전통관습에 따라 지배되는 왕국이고 당시 아부두파가 부통령과 내무장관 등 가나정부의 요직을 장악하고 있을 때라 안다니파는 정부의 도움을 받을 수 없었다.

오키마는 죽음의 위협을 피해 교회, 농촌, 난민촌 등 다른 지역에 은신했지만, 아부두파는 부족장의 계승권을 가진 오키마를 제거하기 위해 끈질기게 추적했다. 아부두파 사람들이 중앙과 지방정부의 요직을 차지하고 있어 오키마는 계속 신분을 속인 채 생활하기 어려웠고, 그의 은신을 돕다가 테러를 당한 사람들조차 경찰의 보호를 받지 못했다. 결국 그는 그를 숨겨준 목사의 주선으로 한국에서 열리는 세계종교대회 참가를 명분으로 비자를 받아 한국으로 피난했다. 수차례의 국내피난 시도에서 오키마가 경험한 것은 가나정부가 오키마를 보호할 의사와 능력이 없고, 박해는 다그본 부족 내에서 일어났으나 가나 어디에서도 피난처를 찾을 수 없다는 것이었다.

국적국의 보호의사나 능력 혹은 국적국 내 피난의 가부와 관련해 가장 문제되는 사례들은 주로 내전상황에서 반군에 의해 박해가 이루어지고, 이에 대해 국가의 보호가 미치지 못하는 경우다. 최근 파키스탄에서는 탈레반의 영향력이 점점 확대되자 2009년 10월경 파키스탄 정부가 탈레반과의 전쟁을 선포하면서 폭탄테러의 위협이 전국으로 확대되었다. 칸 가족은 아프가니스탄과 접경한 북서부 국경지역에 살고 있었는데, 이 지역은 사실상 탈레반의 통치지역으로 하루에도 수십에서 수백명이 테러로 목숨을 잃어가고 있었다. 때문에 칸 가족은 탈레반의 위협을 피해 한국으로 피난했다.

한국정부는 탈레반의 지배가 전국적인 것은 아니니 파키스탄으로 돌아가 경찰의 보호를 요청하라고 하나, 칸 가족은 다른 지역으로 돌아가도 생명의 위협을 피할 수 없을 것이라고 염려하고 있다. 탈레반의 영향력이 파키스탄 전역에 미침에도 불구하고 파키스탄 정부는 효과적인 보호를 할 수 없을 뿐 아니라, 탈레반 거점지역인 북서 국경지역 출신인 칸은 오히려 탈레반의 간첩으로 간주되어 파키스탄 정부로부터도 위협을 당하기 때문이다. 현재 파키스탄은 테러로 인한 생명의 위협이 사회 전반에 만연할 뿐 아니라, 파키스탄 정부는 탈레반 세력 확산을 이유로 국내피신이나 도시이주를 허용하지 않고 주민들을 거주지로 돌려보내고 있다고 한다.

네팔은 마오이스트라는 공산반군에 의해 전국이 내전에 휩싸였다. 네팔에서는 1980년대 말 냉전 종식과 함께 사실상 명맥이 끊긴 공산주의와 마오 쩌뚱의 인민혁명노선이 1990년 이래 진행된 네팔의 민주화에 힘입어 오히려 확장되었다. 네팔공산당은 94년 총선 이후 한때 좌파정부에 가담하기도 했으나, 95

년 정부가 해산된 뒤 무장투쟁활동으로 전환했고 96년부터 중국, 인도와 접경한 네팔 남부지역을 근거지로 삼아 왕정 타도와 공산정권 수립을 목표로 인민해방전쟁을 개시했다. 마오이스트는 네팔 인구의 대부분을 차지하는 농민층으로부터 만만치 않은 지지를 받으면서 테러를 통해 지방경찰과 단체들을 선동하고 지역 지주들과 관료들을 추방, 살해한 끝에 마침내 정권을 장악했다.

한국에서는 네팔 내전 당시 마오이스트 반군에 협력을 거부하고 한국으로 피난한 사람들에 대해 박해의 주체가 정부가 아닌 반군이고 수도 카트만두를 비롯해 아직 정부가 장악하고 있는 국내피신지가 존재하므로 난민으로 인정할 수 없다는 '국내보호 대안'이 문제되었다. 하지만 국내보호 대안을 이유로 난민인정을 거부하기 위해서는 먼저 난민신청인에 대한 박해가 국지적인 성격을 띠고 있어야 한다. 따라서 박해의 주체가 국가기관이거나, 국가가 개인의 박해를 종용, 묵인하는 경우에는 원칙적으로 국내보호 대안을 들어 난민보호를 거부할 수 없다. 비록 국가기관에 의한 박해는 아니더라도 박해주체의 실제 영향력이 국적국 전반에 미치고 있다고 인정되는 경우에도 마찬가지다.

또한 국내보호 대안이 신청인의 박해에 대한 염려를 불식시킬 만큼 실효적이어야 한다. 그러기 위해서는 먼저 신청인이 국내보호 대안이 되는 지역에 안전하게 접근하는 것이 가능해야 하고, 국내보호 대안 지역에서 제공하는 보호가 어느정도 지속적이고 안정적이어야 하며, 그 보호의 수준 역시 난민협약이 제공하는 수준 이상은 되어야 한다. 마지막으로 그 지역에서 새로운 박해 가능성이 염려되어서도 안된다. 또한 이상의 요건 역시 박해의 가능성에 대한 평가와 마찬가지로 합리성, 현실성의 기준에 따라 평가되어야 한다.

나이지리아 이보족

한국의 나이지리아 난민신청자 중에는 나이지리아 동부 이보족의 정치운동과 관련된 사람들이 많다. 이보족은 나이지리아 동남쪽에 위치한 아남브라(Anambra), 아비아(Abia), 이모(Imo), 에보니(Ebonyi), 에누구(Enugu) 등의 주에 거주하는 인구 5천5백만명 정도의 대종족이다. 이보족이 거주하는 나이지리아 동남부는 원유, 철광석 등 천연자원이 풍부하고 비옥한 지역임에도 불구하고, 중앙정부로부터 차별을 받아 전기, 기름 등의 자원이 제대로 공급되지 않고 도로 등의 개발도 이루어지지 않아 가장 낙후한 지역이 되었다.

이보족은 이러한 불평등에 못 이겨 1967년 5월 30일 나이지리아 정부로부터 독립해 비아프라공화국(The Republic of Biafra)을 세웠지만, 3년간의 전쟁 끝에 나이지리아에 패해 1970년 1

월 15일 나이지리아 정부에 다시 통합되었다. 이 전쟁으로 인해 200~300만명의 사람들이 죽었다. 나이지리아 전역에 흩어져 있던 이보족 지도자들은 비아프라독립운동(MASSOB)이라는 정치단체를 결성해 이보족의 독립과 비아프라공화국의 재건을 위한 지하운동을 전개하고 있다. 한국에 난민신청한 나이지리아인의 상당수도 이 MASSOB에 가담한 이보족들이다.

그런데 한국정부와 법원은 영국 이민청의 난민인정지침을 근거로, MASSOB 회원증이나 회원가입신청서 양식을 증거로 인정하지 않고 고위지도자가 아닌 중간리더나 평회원들에 대한 보호 필요성을 부정하고 있다. 피난처가 증거수집을 위해 2008년 10월 나이지리아를 방문했을 때 현지사람들은 활동은 고사하고 MASSOB에 대해 언급하는 것조차 두려워하는 분위기였다. 이런 상황에서 고위지도자가 아니라는 이유로 박해의 위험이 없다고 단정지을 수 있겠는가.

자료를 더 찾아보니 놀랍게도 영국 내무부의 2005년판 난민인정지침은 2005년 영국·덴마크사실조사단 보고서를 기초로 작성된 것인데, 원본 보고서에는 지도자뿐만 아니라 평회원들도 박해를 받을 수 있다고 되어 있었다. 난민신청자의 박해 가능성을 고려함에 있어 조직 내에서의 지위 혹은 활동의 경중은 충분히 고려되어야 할 사항이다. 하지만 난민보호가 꼭 지도자나 유명한 사람에게만 주어지는 것은 아니며, 평회원이라도 박해의 우려가 있는 경우 얼마든지 보호받을 수 있다. 그러나 한국에서는 저명한 정치지도자가 아니면 난민인정을 받기 어려운 것이 현실이다.

현지체재중의 난민

본국에서의 정치활동보다 체류지에서의 정치활동이 문제되어 자국으로 돌아가지 못하는 난민들이 있다. 한국에서 활발한 정치활동을 전개하고 있는 버마난민과 줌머난민들은 한국에서의 정치활동이 난민인정 사유가 될 것인지, 즉 '현지체재중의 난민'(refugees sur place)으로 인정될 수 있는지가 논의되었다.

현지체재중의 난민이란 일단 박해 가능성이 없는 상태에서 출국했으나 출국 이후의 사정으로 박해에 대한 우려가 있어 귀국할 수 없거나 귀국을 거부하는 경우이며, 이들도 협약에 따른 난민으로 보호를 받을 수 있다. 이는 난민의 요건이 되는 박해의 가능성이 반드시 국적국에서 출국할 당시 존재해야 하는 것이 아니라, 귀국시 존재하는지를 고려하기 때문이다.

현지체재중의 난민을 발생시키는 원인에는 쿠데타처럼 출국 후 국적국의 사정이 바뀐 경우도 있고, 반정부활동처럼 신청인이 국외체재중에 한 행동이 문제되는 경우도 있다. 단순히 출국 후 허가받은 기간 내에 귀국하지 않거나 또는 외국에서 난민인정 신청행위를 했다는 사실만으로도 국적국의 박해를 초래하는 원인이 될 수 있다. 이 경우 그러한 행동이 출신국에 의해 주목받을 수 있는지, 그리고 출신국으로부터 어떤 판단이 내려질지 유의해야 한다.

현지체재중의 난민에 대해 스스로 박해의 원인을 제공하거나 박해받을 것을 알면서도 정치활동을 한 경우에는 난민지위를 인정할 필요가 없다는 견해도 있다. 그러나 고등법원은 난민협약의 요건을 모두 충족함에도 다른 사정을 들어 협약상 난민이 아니라고 하는 것은 난민협약 제1조에서 어떠한 유보도 허용하지 않는다는 취지에 반하기 때문에 위의 주장은 인정되지 않는다고 했다.* 또한 대법원은 국적국을 떠난 후 거주국에서 정치적 의견을 표명하는 것과 같은 행동의 결과로 '박해를 받을 충분한 근거있는 공포'가 발생한 경우에도 난민으로 인정될 수 있고, 난민으로 보호받기 위해 박해의 원인을 제공했다고 해서 달리 볼 것은 아니라고 했다.** 그러므로 난민으로 보호받기 위해 스스로 박해의 원인을 제공했다 하더라도 박해의 가능성이 현실적으로 존재하는 한 협약상 난민으로 인정되어야 한다.

---

* 서울고등법원 2006. 5. 10. 선고 2005누19643 판결.
** 대법원 2008. 7. 24. 선고 2007두19539 판결.

네팔 내전과 마오이스트

한국에서 최다 난민신청자를 낸 네팔의 난민발생 원인은 마오이스트 반군에 의한 내전이었다. 앞에서 잠깐 언급했지만 마오이스트는 원래 네팔공산당의 일원으로 민주화운동에도 참여했으나, 1990년 헌법을 기초하는 과정에서 입헌군주제 대신 공화정을 주장하면서 네팔 카스트의 상부계급으로 구성된 공산당과 결별하고 하부 카스트 계급을 주축으로 한 별도의 조직을 구성했다. 이들은 1995년 토지개혁, 공화정 실시, 인도와의 종속적 조약 폐지, 사회주의적 경제개혁과 같은 '40개 요구사항'을 발표했으나, 정부는 이들을 의미있는 정치세력으로 보지 않고 경찰과 군대를 동원해 소탕작전을 벌였다.

처음부터 강경진압으로 나간 네팔정부의 초기대응은 마오이스트 그룹의 지지세력을 결집시켜 전국적인 저항을 불러일으켰다. 2001년에 발생한 9·11사태로 '테러와의 전쟁'이 선포되면서 미국은 네팔 마오이스트 반군을 테러리스트로 규정하고 네팔정부에 군사지원을 시작했고, 2001년 11월 반군과 정부 간의 평화협상이 결렬되자 국가비상사태가 선포되고 헌정은 중단되었다. 이후 정부와 반군 간에 협상과 결렬이 반복되면서 내전은 점점 깊어갔다.

한국에서 난민신청한 구룽은 네팔에서 농림구호 사업을 벌이던 NGO의 일원이었다. 농촌을 기반으로 마오이스트 세력이 점점 확장되어갈 무렵, 구룽이 거주하던 마을에도 마오이스트들이 내려와 돈과 음식을 요구했다. 그들은 심지어 사람을 납치하거나 죽이기도 했으며, 구룽에게도 활동을 중단하고 자신들을 도우라고 위협하기 시작했다. 하루는 두목을 포함한 10명의 무장 마오이스트들이 마을로 내려와 구룽에게 음식과 숙박을 요구했다. 그들은 마을사람들의 정보를 캐물은 뒤, 정부에서 은퇴한 사람이거나 경찰, 군인, 부자 들에게 돈과 마오이스트가 될 것을 요구하는 내용의 편지를 전달하도록 명령했다.

다음날 아침 마오이스트들이 떠나자, 이번에는 200명가량의 정부군과 비밀경찰들이 민간인 복장으로 위장하고 구룽의 집에 들이닥쳐 총을 겨누면서 어젯밤 마오이스트들이 집에 묵었는지, 무슨 옷을 입었으며 어디로 갔는지를 캐물었다. 이들은 이미 마오이스트들의 행적을 다 알고 있었다. 이들은 이제부터 정부군과 경찰이 보호할 것이니 염려하지 말고 마오이스트들이 간 곳으로 안내하라며 구룽을 앞장세웠다. 구룽은 7명의 경찰과 함께 마오이스트들이 있는 산 쪽으로 걸어들어가던 도중 두목과 정면으로 마주쳤다. 두목이 구룽에게 집에 왔던 사람들은 갔는지, 그들이 경찰이 아니었는지를 묻는 순간, 뒤따르던 경찰과 마오이스트 간에 교전이 벌어졌다. 두목은 경찰에게 사살되었으나 나머지 마오이스트들은 숲속으로 도주했다.

비밀경찰과 군인들은 일주일간 마을에 머물다가 이내 철수했고, 구룽은 마오이스트들의 보복을 두려워하지 않을 수 없었다. 마오이스트들은 구룽을 경찰을 끌고 온 스파이라 생각할 것이고, 경찰이 철수한 이상 반격을 가해올 것이 분명했다. 때마침 마오이스트들을 재워주었던 마을사람 먼딜이 마오이스트에게 살해되는 일이 벌어졌다. 두려움에 집에 있지 못하고 농장에 숨어 있던 구룽은 먼딜의 살해소식을 듣고 즉시 마을을 탈출해 피난길에 올랐다.

구룽은 한국에서도 다른 네팔사람들과 어울리지 못했다. 마오이스트 출신의 네팔사람이 자신을 알아볼까 두려웠기 때문이다. 그는 심지어 난민신청 인터뷰에서도 이러한 사실을 이야기하지 못했다고 한다. 어떤 경로로든 두목의 죽음과 관련된 사실이 알려지면 네팔에서뿐 아니라 한국에서도 마오이스트들의 보복을 받을 수 있기 때문에 한국정부마저 믿지 못했던 것이다. 난민신청을 하고도 그 이유를 말하지 못했다니, 구룽의 두려움이 얼마나 깊은 것인지 짐작할 만하다.

한편 2006년 11월 네팔정부와 마오이스트 간에 평화협정이 체결되고 임시정부 구성이 합의됨에 따라 10년간 계속된 내전이 끝났다. 내전중 왕에 대한 불신이 깊어져 2007년 12월 23일에 치러진 국민투표에 의해 군주제가 폐지되었고, 왕은 이듬해 6월 11일 카트만두궁을 떠났다. 마오이스트는 2008년 4월 제헌의회 총선에서 전체의석의 3분의 1을 차지해 제1당이 되었고, 같은 해 8월 15일 제헌의회 투표에서 당수인 프라찬다(Prachanda)가 총리가 되었다.

그러나 내전이 끝나고 마오이스트가 제도정치에 참여했음에도 불구하고, 마오이스트군의 정부군 통합문제, 마오이스트들이 몰수한 토지반환 문제 등으로 마오이스트와 대통령 및 네팔의회당의 대립은 계속되고 있다. 특히 2009년 5월에는 마오이스트군의 정부군 통합문제로 프라찬다 총리가 사임했고, 이후 마오이스트의 반정부 장외투쟁이 계속되고 있다. 마오이스트 이탈 후 출범한 새 정부의 주축인 맑스-레닌주의자 네팔공산당과 네팔의회당도 대안을 찾지 못하고 있어 당분간 정부와 마오이스트 간의 갈등은 계속될 것으로 보인다.

한국의 네팔 난민신청자들은 네팔 내전이 종결되었지만, 아직 치안이 불안하고 박해의 위험이 사라진 것이 아니라며 귀국을 주저하고 있다. 그러나 한국정부는 극소수의 사람들에게만 인도적 지위를 인정했을 뿐, 단 한명의 난민지위도 인정하지 않았고 내전 종결에 맞춰 난민신청을 대부분 기각했다. 뉴질랜드 난민지위항소기구에서는 네팔의 내전 종결에도 불구하고 10년 넘게 끌어온 잔인하고 피비린내나는 분쟁의 유물이 해소되기 위해서는 지속적인 평화와 화해가 필요하다는 점, 전반적인 치안평가는 긍정적이지만 여전히 수도 카트만두를 포함한 지역에서 마오이스트 집단에 의한 인권침해가 일어나고 있다는 점, 마오이스트가 별다른 제재 없이 전국을 돌아다니면서 활동중이고 강탈·납치·폭력이 발생되는 와중에도 네팔 사법당국은 국민들에게 효과적인 보호를 제공할 능력이 없다는 점 등을 근거로 난민지위를 인정한 사례가 있다.

스리랑카 내전과 타밀족

난민신청자 출신국 가운데 4위를 차지한 스리랑카에서도 소수민족인 타밀족이 다수민족인 씬할리(Sinhalese)족으로부터 분리·독립하기 위한 내전이 30년간 있었다. 인구의 약 74%를 차지하는 아리아계 씬할리족은 남서부와 중부 고지에 살며 대부분 불교도들인 반면, 드라비다계 타밀족은 스리랑카 북부와 동부에 사는 18%의 소수민족으로 대부분 힌두교도들이다.

1815년 스리랑카를 정복한 영국은 스리랑카를 분열하기 위해 소수 타밀족을 우대하는 정책을 실시했다. 그리고 1948년 2월 스리랑카가 독립하면서 씬할리족과 타밀족 간에 분쟁이 일어나기 시작했다. 1956년 총선거에서 친서방계 민족연합전선(UNF)을 누르고 집권한 사회주의계 스리랑카자유당(SLFP)의 반다라나이케(Bandaranaike) 총리는 불교도의 지지를 바탕으로 좌익연합정권을 수립하여 대외적으로는 비동맹외교정책을 전개하고 내부적으로는 강력한 씬할리화 정책을 추진했는데, 이로써 자치권을 주장해온 타밀족과 민족분규가 일어나게 되었다. 분규는 1983년 7월 폭동을 계기로 내전으로 비화되었고, 급진적 타밀분리독립운동조직인 타밀엘람해방호랑이(Liberation Tigers of Tamil Eelam, LTTE)가 주도권을 잡게 되었다.

26년간의 무장투쟁 끝에 2009년 5월 18일 타밀족의 최고사령관 벨루필라이 프라바카란(Velupillai Prabhakaran) 및 간부들이 사살되었고, 스리랑카 정부는 대외적으로 스리랑카 내전이 종식되었음을 선언했다. 하지만 타밀족, 특히 LTTE 관련자들에 대한 씬할리족의 박해는 내전 종식 후에도 계속되어 타밀족들은 여전히 난민촌에 살거나 보트피플이 되어 조국을 탈출하는 형편이다. 한국의 타밀족 난민신청자들도 고향으로 돌아갈 것을 고려하고 있지만, 여전히 타밀 반군과 연루되었다는 의심을 받는 사람들은 체포되거나 실종되고 있다는 소식에 귀환을 두려워하고 있다.

코트디부아르 내전

1893년 프랑스의 식민지가 되었다가 1960년에 독립한 서아
프리카의 코트디부아르는 농업을 기반으로 경제자립에 성공
해 한때 '아프리카의 기적'으로 불렸다. 그러나 코코아를 비롯
한 플랜테이션 농업이 발전하면서 얻은 소득은 독립 후 20여년
간 남부사람들에게만 돌아갔고, 상대적으로 척박한 북부사람
들은 소외되었다. 그러다가 1980년대 이후 자원고갈이 심화되
면서 경제위기가 닥쳤고, 초대대통령으로서 33년간 코트디부
아르를 철권통치해오던 바울레(Baoulé)족 출신의 우푸에부아니
(Houphouët-Boigny)가 1993년 사망하자 정국이 흔들리고 부정
부패, 쿠데타 등이 이어지면서 내전의 기운이 싹텄다. 코트디부
아르는 여타 아프리카 나라들과 마찬가지로 60개 이상의 전통
독립부족으로 이루어져 종족갈등이 있었고, 약 40%의 북부 이
슬람과 약 35%의 남부 기독교 간의 종교갈등도 있었다.

그런데 현 대통령 그바그보(Gbagbo)는 2000년 집권하기까지
의 권력투쟁 과정에서 '누가 진짜 코트디부아르의 이부아르인
(Côte d'Ivoire, 토박이를 의미한다)인가'라는 정체성 문제를 제기했
다. 우푸에부아니의 세계화 시장정책과 이주정책으로 코트디
부아르 인구의 26%는 부르키나파소, 말리, 기니, 라이베리아,
베냉 같은 주변나라들에서 온 외국인이었고, 그중 70%인 360

만명이 부르키나파소인이었다. 그바그보는 '양부모 모두 이부 아르인이어야 코트디부아르의 대선후보자가 될 수 있다'는 정체성 논리를 통해 당시 북쪽지역을 대표하던 막강한 대선후보 우아따라(Ouatarra) 전 총리의 대선후보 자격을 박탈했다.

이로 말미암아 남북간, 종족간, 종교간 알력싸움과 증오가 더 짙어졌다. 또한 현 정권의 텃밭이자 상대적으로 부강한 남부진영의 기득권 유지를 위해 북부, 이슬람, 디울라(Dyula)족을 소외시킨 결과, 북부를 거점으로 군장교들이 새로운 힘(New Forces, FN)이라는 무장반군단체를 결성해 2002년 가을 내란이 일어났다. 2002월 10월 6일에는 정부군이 FN의 거점인 부아케(Bouaké) 공격에 돌입해 코트디부아르는 내전에 빠지게 되었다.

북부 이슬람 반군은 정권을 장악한 남부 기독교 세력이 코코아 수출로 얻은 이득을 갈취하고 있다는 명분으로 내전을 개시했고, 초콜릿의 원료인 코코아가 정부군과 반군의 전쟁자금으로 사용되면서 '피의 초콜릿'(blood chocolate)이란 말까지 생겨났다. 내전은 이웃나라인 부르키나파소 등에서 훈련된 코트디부아르애국운동(MPCI) 같은 반군단체들까지 가세하면서 인접 국가들간의 전쟁으로 확대되었고, 식민종주국 프랑스는 지역 안보와 프랑스인들의 안전을 보호한다는 명분으로 파병했다. 2002년 9월 정부군과 반군의 내전 이후 평화수립 과정에서 프랑스군 4천명, 유엔평화유지군 6천명이 주둔하게 되었고, 이로써 사태는 잠시나마 소강상태에 접어들었으나 이후로도 거의

5년간 간헐적으로 내전이 거듭되었다.

그러다 2007년에 정부군과 FN 간에 휴전협정이 성립되어 교전이 중단되고 FN 대표 출신인 기욤 쏘로(Guillaume Soro)가 총리로 내각에 들어왔으나, 아직도 FN이 북부지역 절반을 장악하고 있어 내전이 재발할 가능성은 상존하고 있다. 또한 그바그보 대통령의 임기가 2005년에 만료될 예정이었으나, 정치적 라이벌들의 대립관계로 대통령 선거일이 5년간 계속 연기되어왔다. 2010년 11월 21일로 확정된 대통령 결선투표를 둘러싸고 그바그보를 지지하는 남부와 우아따라를 지지하는 북부의 갈등이 계속되고 있다.

한국에서 난민신청한 마마두는 북서지역 출신의 디울라족이며 이슬람교도로서, 전 총리인 우아따라를 수장으로 북부 이슬람과 디울라족의 권익을 옹호하는 야당인 공화당(RDR) 당원으로 정치활동에 참여했다. 마마두는 각 지역에 하위지부를 만들어 모임과 시위를 조직했고, 무슬림 디울라족에 대한 중앙정부의 억압을 알렸다. 때문에 여러번 경찰의 심문을 받았고 집을 압수수색당하기도 했다. 게다가 그바그보 정부는 정부에 반대하는 모든 정치적 시위 및 집회와 조직을 금지했으며, 반대자들을 억압했다.

마마두는 2002년 9월 사업차 한국에 체류하던 중 코트디부아르에 내전이 발생하여 고국으로 돌아가지 못하게 되었다. 2004년 말 국제사회에 의해 정부군과 반군 간 비무장지대가 설

치되자 사태가 잠잠해졌다고 생각한 마마두는 2005년 1월에 고
국에 돌아가 사업을 재개하고자 모임을 가졌으나, 그바그보 대
통령을 지지하는 '젊은 애국자'란 군인들은 마마두가 그바그보
정권을 와해시키기 위해 정치모임을 갖는 것으로 생각하고 칼
과 몽둥이로 무장한 채 마마두와 친구들의 집을 습격했다. 한
국으로 다시 피신한 마마두는, 휴전이 되었으나 여전히 신변을
위협하는 조국과 휴전이 되었으므로 돌아가라고 강요하는 한
국 사이에서 난민으로 인정받지 못한 채 피난처를 찾아 헤매고
있다.

라이베리아 내전

서아프리카의 라이베리아는 19세기 초 미국에서 해방된 흑
인노예들이 건설한 나라로, 1847년 아프리카 최초의 흑인 공화
국으로 출범하여 안정된 상태를 유지했다. 그러나 소수의 노예
출신 흑인들이 자신이 백인들에게 당한 것처럼 다수의 토착흑
인 원주민들 위에 지배층으로 군림하면서 갈등이 심화되었다.
그러다 1980년 쌔뮤얼 도(Samuel Doe) 장군이 쿠데타를 일으켜
군사정권을 출범시켰고, 이를 계기로 잠재되어 있던 군벌간의
갈등이 시작되었다.
1989년 12월 24일에는 군벌 지도자인 찰스 테일러(Charles

Taylor)가 리비아 가다피(Gadhafi) 원수의 지원하에 정권 붕괴를 목표로 라이베리아국민애국전선(NPEL)을 결성하고 코트디부아르에서부터 공격을 개시하여 라이베리아 전역은 내전상태로 빠져들었고, 쌔뮤얼 도 대통령은 1990년 반군에 의해 살해되었다. 그후에도 라이베리아 내전은 NPEL과 라이베리아민주통일해방전선(ULIMO) 간의 싸움으로 전환되는 등 사태가 더욱 악화되었으나, 1996년 서아프리카경제공동체(ECOWAS)의 중재로 평화협정이 성립되었고 1997년 대선에서 NPEL의 지도자였던 테일러를 대통령으로 내세운 신정부가 성립되었다.

그러나 1999년 다시 내전이 재발하면서 정부군과 반군 간의 끊임없는 충돌로 15만명의 사상자가 발생했다. 결국 2003년 라이베리아화합민주연합(LURD)과 라이베리아민주운동(MODEL) 등의 반군세력들이 수도 몬로비아(Monrovia)를 함락함으로써 테일러 대통령은 대통령직을 사퇴했고, 2003년 8월 18일 새로운 평화협정이 체결됨으로써 라이베리아 내전은 종결되었다. 내전 종식 후 2005년 11월 실시된 첫 민주선거에서 엘런 존슨 썰리프(Ellen Johnson-Sirleaf) 여사가 축구스타 출신의 조지 웨아(Georgy Weah) 후보를 결선투표에서 물리침으로써 아프리카 첫 여성 대통령으로 취임했다.

썰리프 대통령은 취임 후 내전의 상처를 치유하고 민주적 제도를 확립하는 데 매진했으며, 덕분에 2007년 10월 조지 부시 미국 대통령으로부터 미국 민간부문의 최고 영예인 대통령 메

달을 수상하는 등 아프리카에서는 드물게 존경받는 지도자로 자리매김했다. 그러나 1989년부터 2003년까지 이어진 라이베리아 내전 당시 찰스 테일러 전 대통령의 반군활동을 지원한 사실이 드러나 2009년 7월 내전책임 규명을 위해 설치된 진실화해위원회로부터 30년간 공직금지 권고를 받으면서 정치적 타격을 입기도 했다.

썰리프 대통령 취임 후 국제사회는 라이베리아에 평화가 정착되고 있다고 믿지만, 국내의 많은 라이베리아 난민들은 여전히 질서가 회복되지 않았고 썰리프 대통령이 테일러 정권과 연결되어 있어 과거의 박해 위험이 잔존한다고 주장하고 있다.

라이베리아 출신 매카서는 1989년 라이베리아 내전이 일어났을 때 열세살이었다. 내전중 아버지를 잃고 어머니와 함께 가나의 수도 아크라(Accra)에 개설된 라이베리아 난민촌 부두부람(Buduburam) 캠프로 피난을 갔다. 난민촌에서 고등학교를 졸업한 매카서는 라이베리아 몬로비아로 돌아가 직장생활을 하면서 뜻이 맞는 사람들과 함께 모든 종교와 부족의 평등, 언론과 이동의 자유를 주창하는 활동을 전개했다.

그러던 중 2004년 10월에 기독교도와 무슬림 간의 종교적 폭동이 일어났다. 이 분쟁에서 매카서는 어머니, 누이와 함께 한 무슬림 세력에 붙잡혀 심한 고문을 받았다. 그는 이들이 누구며 왜 갑자기 찾아와서 자신을 잡아갔는지도 알지 못했다. 매카서는 간수의 도움으로 어렵게 감옥에서 탈출했으나, 어머니와 누이는 감옥에서 죽었다는 소식을 후에 듣게 되었다. 그는 교회의 도움을 받아 가나로 도피했고, 그곳에서 아버지 친구의 도움으로 한국으로 가는 라이베리아 사절들과 함께 2005년 2월 입국했다.

그러나 어떤 이유로 자신이 구금과 고문을 당했는지 확실히 알지 못하기 때문에 매카서의 난민신청은 거절되었다. 그는 여전히 라이베리아 정부가 그의 안전을 지켜주지 못한다는 사실에 두려움을 갖고 있다. 또한 귀국할 경우 종교세력간의 분쟁, 불안한 국내정세 등으로 죽임을 당할 수 있다는 공포를 떨쳐내지 못하고 있다.

니제르 델타의 갈등과 무력사용

난민신청자 중에는 전쟁중에 총을 들었거나 정치적 활동과 관련해 폭력을 사용한 사람들이 있다. 그런 난민들에게 이런 질문을 해볼 수 있을 것이다. 난민제도는 인권보호제도로서 국가권력과 같은 거대한 힘으로부터 스스로를 보호할 방법이 없는 나약한 사람들을 위한 것인데 폭력을 사용해 다른 사람을 공격했던 사람도 난민으로 보호받을 수 있는가?

박해를 당하는 자들은 소극적으로 피난하는 길을 선택할 수도 있으나, 적극적으로 저항하는 길을 선택할 수도 있고 때때로 저항에는 폭력이 수반되기도 한다. 박해의 피해자들이 저항의 수단으로 부득이 무력을 사용한 경우, 1951년의 난민협약 제1조 F에 따라 ①국제법에서 규정된 평화에 반하는 범죄, 전쟁범죄, 또는 인도에 반하는 범죄를 범한 자 ②난민으로서 피난국에 입국하는 것이 허가되기 이전에 그 국가 밖에서 중대한 비정치적 범죄를 범한 자 ③유엔의 목적과 원칙에 반하는 행위를 한 자에 해당하는 경우 국제적 보호를 받을 가치가 없는 것으로 인정되어 난민보호 적용이 배제된다.

2006년 6월부터 수차례 거듭된 대우건설 노동자 납치사건으로 유명해진 니제르 델타(Niger Delta) 지역에서도 적지 않은 난민신청자들이 한국에 들어오고 있다. 니제르 델타 출신의 오부추쿠도 원유생산 때문에 빼앗긴 토지에 대한 보상과 원유개발 이익의 분배를 요구하며 싸우던 지역분쟁의 와중에 2005년 3월 정부군의 공격으로 가족과 집을 잃고 별다른 정치적 동기 없이 생계를 위해 반군에 가입해 무기밀수와 외국인 납치에 가담하다가 반군 탈퇴를 결심하고 한국으로 피난했다. 같은 델타 출신 에체의 경우도 석유회사와 지역커뮤니티 간의 오랜 분쟁의 와중에 석유회사에 근무하는 근로자들을 납치, 사살하는 일에 가담해왔지만, 이러한 투쟁이 옳지 않음을 깨닫고 지역단체로부터 이탈하고자 했으나 보복의 위협을 받아 탈출하게 되었다.

니제르 델타 갈등은 1990년대 초 이후 외국계 정유회사와 그들에 의해 착취당해온 니제르 델타 지역 오고니(Ogoni)족과 이

자우(Ijaw)족 등 소수민족들 간에 진행되고 있는 갈등이다. 이들 부족은 외국 석유회사들과 나이지리아 정부 공무원들이 석유개발로 막대한 수익을 올리고 있음에도 불구하고, 정작 자기 부족에게는 공정하게 수익을 배분하지 않는다며 불만을 토로하고 있다. 석유자원을 더욱 많이 차지하기 위한 경쟁은 일부 부족간의 폭력사태에 기름을 부었으며, 결국 니제르 델타의 거의 모든 지역이 부족 민병대에 의해 군대화되기에 이르렀다.

원유수익으로 얻어진 자금은 수많은 소수민족들간의 충돌을 야기했고, 나이지리아군과 경찰은 물론 지역의 민병대 조직까지 무장을 하게 되었다. 이 과정에서 무수한 범죄 피해자들이 발생했지만, 갈등의 양상이 너무나 다양하고 폭력의 악순환이 일어났기 때문에 가해자와 피해자의 구별은 무의미할뿐더러 불가능했다. 이런 상황에서 나이지리아 정부는 니제르 델타 지역의 혼란상황을 수습할 능력이 없음을 암묵적으로 시인한 가운데, 핵심 석유시설에 대한 무장단체들의 점증하는 위협에 대응하기 위해 최근 미 해병대의 주둔을 요청했다. 복잡한 부족구성과 치안여건의 악화, 그리고 국내경기 침체 등이 맞물리며, 나이지리아는 향후 단기적으로 광범위한 폭력사태, 군중시위 및 사회불안 등에 휩싸일 것으로 보인다.

이러한 폭력사태의 와중에 국가의 보호를 기대하기 어려워 자위수단으로 총을 든 사람들을 난민으로 인정해야 할 것인가. 살인, 방화 등 비정치적 범죄나 무력사용에 대한 처벌은 난민사유가 되지 못할 것이다. 그러나 실질적으로 그 처벌이 사회 구성원 일부에 대한 차별적 침해의 성격을 갖고 있거나 일반 구성원에 비해 특별히 무겁다면 박해로 볼 수 있다.

사하라의 사막화와 다르푸르인

아프리카의 사막화가 민족간·종교간 전쟁으로까지 번진 것이 바로 최근의 다르푸르(Darfar) 사태다. 수단 북부에는 유목민인 아랍계 회교도가, 남부에는 농경민인 기독교인들이 거주하고 있는데, 북쪽에 가뭄이 계속되어 회교도 유목민들이 목초지를 찾아 남부로 내려오자 토지를 둘러싼 충돌이 일어난 것이다. 이 충돌로 20만명 이상이 학살되고 200만명 이상의 난민이 발생했다.

다르푸르 출신인 애덤은 1970년 다르푸르주 남부 니얄라(Nyala)에서 태어났다. 1989년 북부 수단 출신인 오마르 알 바시르(Omar Al Bashir)가 쿠데타를 일으켜서 총리 싸데크 알마디(Sadeq Al-Mahdi)를 몰아내고 정권을 장악했는데, 아랍 출신인 오마르 알 바시르는 아랍 계열 사람들이 사는 지역에만 경제적 지원과 인프라 구축을 제공했다. 이에 대해 다르푸르 지역을 중심으로 아프리카인들이 오마르 알 바시르 정권에 반발하기 시작했다. 다르푸르 남부지역의 반군단체인 수단인민해방군(SPLA)은 존 가랑(Jonh Garang)을 중심으로 정부군을 지지하는 민병대 잔자위드(Janjaweed)와 대립했다. 1993년부터 94년까지 정부와 반군 간의 내전이 있었고, 애덤은 남부의 반군 지도자와 개인적 친분이 있다는 이유로 정부군의 추적을 받게 되었다.

1994년 2월 정부군이 애덤의 집에 찾아와 애덤의 행방을 물었는데, 다행히 그때 애덤은 집에 없어 체포를 면할 수 있었다. 정부군이 다녀간 이후 애덤은 남동생으로부터 이 소식을 전해 듣고 집으로 돌아가지 않았다. 그후 수단을 떠나기 전까지 정부군을 피해 며칠씩 친구네 집을 전전하며 숨어 지냈다. 당시 정부군은 SPLA의 지지자뿐만 아니라 다르푸르 내 아프리카인들에 대한 살해도 서슴지 않았다. 애덤은 자신이 반군의 핵심인물과 친분이 있기 때문에 체포되면 죽임을 당할 것이라 생각하고, 숨어 지내는 동안 알게 된 사람들과 함께 차드로 도망쳤다.

이들은 정부군의 눈을 피해 밤에만 이동했고 약 25일 후에야 차드 국경을 넘을 수 있었다. 수단 군인들의 눈을 피해 비자와 여권도 없이 차드로 넘어간 것이다. 1999년 리비아정부는 불법 이주자들에 대한 강제송환을 시작했고, 많은 수단사람들을 본국으로 돌려보냈다. 이에 애덤은 송환될 것이 두려워 2000년 9월 말레이시아로 도망쳤고, 말레이시아에서 2~3주 머물다가 비자가 필요없는 한국까지 오게 되었다.

2003년에는 정부군에 대항하는 수단해방운동(SLM)이라는 반군단체가 생겼다. SLM은 정부군에 대항하는 다르푸르 전 지역의 반군으로, SPLA를 포함해 훨씬 큰 규모다. 반군과 정부군 사이에 마찰이 생기자, 정부군은 모든 다르푸르 출신 흑인들을 학살하기 시작했다. 잔자위드와 정부군이 다르푸르 출신의 흑인들을 무작위로 죽이기 시작하면서 4천개 마을이 불타고 20만명이 넘는 사람들이 학살되었다. 2003년 인종청소 후에도 수단의 모든 지역에서 다르푸르 출신 흑인들에 대한 박해가 자행되고 있다. 오마르 알 바시르 대통령 역시 국제형사재판소에 기소된 상태다.

현재 SPLA의 리더 존 가랑은 평화협상을 진행중이지만, SLM은 여전히 정부군과 대치중이다. 애덤은 한국에서 이런 소식을 접하며 불안한 자국상황에 두려움을 가지고 있다. 그가 머나먼 고향으로 돌아갈 수 있는 날은 언제 올 것인가?

돌아가고 싶어도
돌아갈 곳 없는 사람들.
이들이 머나먼 고향으로
돌아갈 수 있는 날은
언제 올 것인가.

서로의
피난처가
될 수 있기를

그동안 우리 부부가 만난 난민들은 고난 가운데서도 인내하며 희망과 꿈을 만들어내는 용기있는 사람들이었다. 그들을 가까이하면서 우리는 그들 내면에 있는 아름다움을 보게 되었다. 뜻하지 않게 들어선 길이었지만, 우리 인생에서 난민을 만난 것은 축복이었다.

부부가 힘든 일 하느라 수고가 많다는 격려의 말을 자주 듣지만, 사실 우리는 우리가 좋아하는 일을 한 것뿐이었다. 그리고 그 일이라는 것은 난민들의 친구가 되어주는 것이었다. 그들은 누군가 옆에서 자신의 이야기에 귀 기울여주는 것만으로도 큰 힘과 용기를 얻었다.

때때로 힘겨운 싸움을 해야 할 때도 있었지만, 대부분 우리

일에는 기쁨과 보상이 뒤따랐다. 난민들이 기적처럼 난민지위를 얻거나 오랜 기다림 끝에 고국으로 돌아갈 때, 우리가 느낀 보람과 행복은 다른 어떤 것과도 바꿀 수 없는 소중한 결실이었다. 그러고 보면 사실 난민들과 함께한 시간은 그들의 고통을 짊어진 시간이 아니라, 그들의 기쁨에 동참한 시간이었다.

난민들의 고난은 그들만의 것이 아니다. 전쟁과 박해가 사라지지 않는 한, 난민문제는 끝나지 않을 것이며 언젠가는 우리의 문제가 될 수도 있다. 하지만 우리 안에 난민들이 깃들 피난처가 있다면 난민들은 더이상 난민이 아닐 것이다. 그들의 아픔에 공감하고 그들이 잠시 쉬었다 갈 피난처를 제공해주는 것이 무엇보다 절실한 이유다.

오늘도 우리 부부는 손 모아 기도한다. 온세상이 난민들을 위한 따뜻한 피난처가 되기를, 우리 모두 서로의 피난처가 될 수 있기를……

조명숙

• 본문에 쓰인 사진 중 17, 186, 199, 259면에 들어간 사진은 사진작가 양현모, 11, 29, 131, 135, 161면에 들어간 사진은 사진작가 이요셉, 42, 60, 167, 174, 221면에 들어간 사진은 사진작가 이연주의 사진임을 밝힙니다.

여기가
당신의
피난처입니다

이호택 조명숙 부부의 한국의 난민 이야기

초판 1쇄 발행 / 2010년 11월 29일

지은이 / 이호택 조명숙
펴낸이 / 고세현
책임편집 / 고경화
펴낸곳 / (주)창비
등록 / 1986년 8월 5일 제85호
주소 / 413-756 경기도 파주시 교하읍 문발리 513-11
전화 / 031-955-3333
팩시밀리 / 영업 031-955-3399 편집 031-955-3400
홈페이지 / www.changbi.com
전자우편 / human@changbi.com
인쇄 / 한교원색